Jörg Alt

Einfach anfangen!

JÖRG ALT
EINFACH AN-FANGEN!

BAUSTEINE FÜR EINE GERECHTERE UND NACH- HALTIGERE WELT

Vier-Türme-Verlag

Bibliografische Information der Deutschen Nationalbibliothek

Die Deutsche Nationalbibliothek verzeichnet diese Publikation in der Deutschen Nationalbibliografie. Detaillierte bibliografische Daten sind im Internet über http://dnb.d-nb.de abrufbar.

in Deutschland produziert

1. Auflage 2021
© Vier-Türme GmbH, Verlag, Münsterschwarzach 2021
Alle Rechte vorbehalten

Lektorat: Marlene Fritsch
Umschlaggestaltung: Finken und Bumiller, Stuttgart
Druck und Bindung: Pustet, Regensburg
ISBN 978-3-7365-0402-8

www.vier-tuerme-verlag.de

INHALT

1 **Warum dieses Buch?** 9

2 **Einleitung** 12

3 **Wissen, Erzählung und Bedeutung** 15

3.1 Problemveranschaulichung 15

3.2 Individuelle Erzählungen 18

3.3 Große Erzählungen 22

3.4 Kennzeichen einer guten Erzählung 28

4 **Eine alternative Erzählung** 30

5 **Hintergrund Sehen:**
   Enttarnung der alten Erzählung 33

5.1 Grundlagen dominierender
    Überzeugungen 33

5.2 Auswirkungen dominierender
    Überzeugungen 41

5.3 Zwischenbilanz 45

6 Hintergrund Urteilen: Grundlegung einer neuen Erzählung ... 48

6.1 Befreiung 1: Das Denken dekolonisieren 48

6.2 Befreiung 2: Wertfundamente neu entdecken 50

6.3 Grundlagen einer gesellschaftlichen Transformation 53

6.4 Orte für den Neubeginn 55

6.5 Ziel: Gemeinwohl. Start: Leidverminderung 59

6.6 Instrumente und Mechanismen zur Entscheidungsfindung 64

6.7 Zwischenbilanz 68

7 Hintergrund Handeln: Umsetzung einer neuen Erzählung 71

7.1 Befreiung 3: Abwendung Befreiung 4: Zuwendung 71

7.2 Ungleichheit und Partizipation 74

7.3 Abhängigkeit und Manipulation sichtbar machen 77

7.4 Pfadabhängigkeiten verstehen 80

7.5 Neue Wohlfahrtsmaßstäbe 82

7.6 Umgang mit dem Wachstum 84

7.7 Kapital muss dienen 86

7.8 Digitalisierung und Künstliche Intelligenz . . 92

7.9 Wirtschaften für das Leben 98

7.10 Arbeit neu denken 104

7.11 Grundeinkommen 109

7.12 Eigentum 111

7.13 Energiewende 118

7.14 Verkehrswende 122

7.15 Landwirtschaftswende 124

7.16 Finanzierung und Sicherung
der Transformation 128

7.17 Institutionen des Wandels:
Städte und Regionen 131

7.18 Institutionen des Wandels:
Staaten 134

7.19 Institutionen des Wandels:
Europäische Union 136

7.20 Institutionen des Wandels:
die Vereinten Nationen 139

7.21 Netzwerke des Wandels:
Koalitionen der Willigen 141

7.22	Zwangsmigration	141
7.23	Zwischenbilanz	145

8 »Never waste a good crisis!« ... 149

8.1	Corona: Rückenwind oder Rückschlag?	149
8.2	Das Richtige und das Recht	151
8.3	Bildung, Training, Bewegung	154
8.4	Es gibt nichts Gutes, außer man tut es	156
8.5	Und die Kirche?	160
8.6	»Linke Politik«?	162

9 Schluss ... 165

10 Literaturverzeichnis ... 168

1 Warum dieses Buch?

Mein Buch »Handelt!« (Alt, 2020) wurde gut angenommen und stieß eine Fülle von konstruktiven Diskussionen an. Zugleich fanden viele LeserInnen das Buch doch recht abstrakt – zu wenig handlungsorientiert und handlungsermutigend. So hieß es etwa: »Es ist ja recht und schön, was die Katholische Soziallehre gut findet. Aber deckt sich das mit dem, was in der realen Welt diskutiert wird und machbar ist?« Nachfolgend versuche ich, diese Fragen ausführlicher zu beantworten.

Dabei habe ich immer wieder Zweifel, ob ich als Soziologe berechtigt bin, auch über fachfremde Herausforderungen und Probleme zu sprechen. Andererseits merke ich zunehmend, wie wichtig es ist, dass Menschen ein umfassenderes Verständnis der aktuellen Krisen und ihrer Ursachen haben. Zu viele sehen nur die Komplexität und werden mutlos oder haben das Gefühl, sich bei Symptomkurierung zu verzetteln. Oder sie haben ihren Spezialbereich, in dem sie dieses und jenes zum Besseren verändern wollen, und übersehen aufgrund wachsender globaler Vernetzung die Gefahr negativer Wechselwirkungen mit anderen Teilbereichen. Einen solch umfassenden Blick zu vermitteln, erfordert eine leicht verständliche Zusammenstellung von Kerneinsichten, nicht aber komplexe Fachdiskussionen. Auch dies ist ein Ziel dieses Buchs.

Zudem möchte es Hoffnung machen. Es werden bereits die richtigen Diskussionen geführt, es gibt vieles, mit dem wir die Dinge in die richtige Richtung lenken können. Je mehr Menschen den Mut haben, Horizont und Perspektive zu weiten, desto eher gelingt es, jenen ExpertInnen Gehör zu verschaffen, deren Vorschläge unsere Welt sozial gerechter und ökologisch nachhaltiger gestalten können.

Bevor es losgeht, noch dies:

- Ich schreibe über das, was mir persönlich hilft, die Seite zu wählen, auf der ich in diesen kritischen Zeiten stehen möchte. Natürlich können die Dinge auch anders gesehen werden. Darüber muss dann eben geredet werden.

- Zur Gewährleistung besserer Lesbarkeit verzichte ich auf konsequentes Gendern. Ich bitte um Verständnis.

- Mein Schwerpunkt liegt auf der katholischen Tradition, da ich die protestantische nicht gut genug kenne.

- Ich danke den 19 Test- und GegenleserInnen. Deren Rückmeldungen haben sehr zur Lesbarkeit dieses Buchs beigetragen. Vergelt's Gott!

- Sicher werden auch Sie wie viele der GegenleserInnen an vielen Stellen sagen: »Dazu bräuchte es einen Beleg« oder »Dazu würde ich gerne mehr lesen«. Hierfür biete ich eine nach (Unter-)Kapiteln angelegte, ausführliche Bibliografie online an unter *https://tinyurl.com/EinfachAnfangen*.

- Dieses Buch berücksichtigt aktuelle Entwicklungen bis Mitte Juni 2021.

2 Einleitung

Wer heute mit Menschen über die ernste Situation unseres Planeten und der Menschheit spricht, wundert sich oft, dass er mit all seinen Argumenten nicht »landen« kann. Man fragt sich: Warum bestreiten Gesprächspartner einfach, dass die Lage so schlimm ist, wie sie zu sein scheint?

Die Antwort ist relativ einfach: Weil es in der Auseinandersetzung um große Richtungsänderungen in Wirtschaft und Gesellschaft nie nur um Fakten geht, sondern eher um das, was heute unter dem Stichwort »Erzählung« oder »Narrative« diskutiert wird. Gemeint ist damit die Rahmung oder »Verpackung« von Fakten und Prognosen auf dem Fundament der ihr zugrundeliegenden Vision und deren Wertannahmen. Diese entscheiden, welche Analyse- und Lösungsinstrumente gewählt und welche Hoffnungen damit zur Erlangung verschiedenster Ziele verbunden werden. Wenn man die Bausteine und Baupläne solcher Erzählungen kennt, ist es zudem leichter möglich, die Stärken und Schwächen eines »Systems« zu erfassen.

Folgendes Bild soll das veranschaulichen: Es geht heute nicht darum, dass wir mit vorhandenen Farben einfach ein vorhandenes Bild in einem vorhandenen Rahmen übermalen. Es geht um die Entwicklung eines neuen Rahmens (»frame«), innerhalb dessen wir dann mit vorhandenen und neuen Farben ein ganz neues Bild malen können. Noch einmal anders: Stellen Sie sich vor, dass die Werte und Ziele eines Gesellschaftssystems ein Magnet und die unterschiedlichen Modelle von (Geld-)Wirtschaft, Handel oder öffentlichen Institutionen Eisenspäne sind. Heißt dieser Magnet »Neoliberalismus« oder »Verschwörungstheorie«, werden Eisenspäne anders angezogen und sortiert, als wenn der Magnet »Gemeinwohlökonomie« heißt.

Meiner Ansicht nach können viele Probleme, die uns heute plagen, ursächlich auf die Erzählung des neoliberalen Finanz- und Offshorekapitalismus zurückgeführt werden. Darunter verstehen unterschiedliche Menschen Unterschiedliches. Aber das ist angesichts der Geschichte und Komplexität dieser Erzählung auch nicht verwunderlich. Wie ich im Folgenden darlegen werde, ist dabei eine exakte Definition des Neoliberalismus gar nicht nötig. Denn das Problem ist ja gerade, dass viele – auch Nichtexperten – mit Inbrunst zentralen Glaubensüberzeugungen anhängen, ohne deren ideologische Herkunft und Heimat zu kennen, zum Beispiel: »Werden Reiche reicher, nützt das den Armen!« (Trickle-Down-Theorie). Solche Sätze werden, wenn man sie nur oft genug hört, selbstverständlich und verfestigen sich irgendwann tief in unserem Unbewussten mit anderen Glaubenssätzen zu einer Erzählung von Verheißung und Erfolg, der wir bereitwillig folgen.

Weil also Erzählungen oder Narrative so wichtig sind, erkläre ich zuerst, was man darunter versteht, wie sie zustande kommen und warum sie eine solche Macht über Menschen haben. Deren Kenntnis stellt den wesentlichen Verständnis- und Interpretationsrahmen dar, innerhalb dessen alles, was ab Kapitel 5 folgt, anders eingeordnet werden kann, als es in vielen aktuellen Diskussionen der Fall ist. »Erzählungen« sind ein komplexer und komplizierter Gegenstand. Doch entsprechende Kenntnis verleiht die Fähigkeit, mit Finanzkapitalisten oder Verschwörungstheoretikern ganz anders über »Fakten« zu diskutieren.

Das Kapitel »Sehen« soll die Schwächen in der aktuellen Erzählung ebenso aufzeigen wie meine Überzeugung, dass eine neue Erzählung Fakten dieser Welt besser zu deuten vermag. Im Kapitel »Urteilen« präsentiere ich Werte und anderes Grundlegendes, das ein Umsteuern hin zu einer sozial-ökologischen Transformation befördern kann. In den weiteren Kapiteln folgen praktische Handlungsvorschläge.

Wenn all dies Ihnen hilft, sich über Ihre eigenen Visionen, Träume und Hoffnungen in der heutigen Krisenzeit klarer zu werden und Sie sich dann trauen, Ihre eigene Erzählung zu schreiben, die Ihnen fortan Orientierung gibt, dann ist mein Ziel erreicht.

3 Wissen, Erzählung und Bedeutung

3.1 Problemveranschaulichung

Wie finden Sie das folgende Zitat:

> Zentrale Werte unserer Zivilisation sind in Gefahr. In weiten Teilen unserer Erde sind die essenziellen Voraussetzungen für Menschenwürde und Freiheit bereits verschwunden. In anderen sind sie konstant bedroht durch laufende Entwicklungen in der Politik. Die Stellung des Individuums und freiwilliger Zusammenschlüsse werden zunehmend untergraben durch die Ausübung willkürlicher Macht. Selbst der wertvollste Besitz des westlichen Menschen, Gedanken- und Meinungsfreiheit, ist bedroht durch jene Glaubensbekenntnisse, die Toleranz beanspruchen, wenn sie in der Minderheit sind, dann aber, wenn sie eine Machtbasis erlangt haben, alle anderslautenden Sichtweisen zu unterdrücken suchen.

Klingt es vertraut? Knüpft es an Ihre Erfahrung an? Spiegelt es Zeitgeist und Zeitgeschehen wider? Ich möchte wetten, Sie denken an Populismus, Verschwörungstheorie, Meinungsmanipulation, Donald Trump und Brexit.

Und schon hätten Sie sich geirrt. Denn so geht es weiter: Unsere Gruppe

> ist der Auffassung, dass diese Entwicklungen genährt werden durch eine Sichtweise von Geschichte, die absolute moralische Standards leugnet und durch das Wachstum von Theorien, die die Herrschaft des Rechts als nicht wünschenswert betrachten. Die Gruppe ist weiter der Auffassung, dass diese Entwicklungen genährt werden durch die Abnahme des Glaubens an Privatbesitz und einen wettbewerbsorientierten Markt, denn ohne die Verteilung von Macht und Initiative, die diese Institutionen mit sich bringen, ist eine Gesellschaft schwer vorstellbar, die Freiheit effektiv zu bewahren vermag. Das Ziel der Gruppe ist, indem sie den Austausch von Gedanken unter jenen ermöglicht, die von gemeinsam geteilten, bestimmten Idealen und Begriffen inspiriert werden, zur Bewahrung und Verbesserung der freien Gesellschaft beizutragen.

Es handelt sich um die 1947 formulierte Absichtserklärung (»Statement of Aims«) der Mont Pelerin Society, der Keimzelle des heutigen Neoliberalismus, die sich und ihrem weltumspannenden Netzwerk aus Think-Tanks, Lehrstühlen, Lobbyisten und Unternehmern seither und bis heute zum Ziel gesetzt hat, entsprechendes Gedankengut zu verbreiten.

Und damit sind wir mitten im Thema, um das es geht: Das »Statement of Aims« enthält alles an Dramatik und Schablonen, was eine gute Erzählung braucht: eine Krise! Die Warnung vor weiteren Gefahren und Bedrohungen! Eine Ermutigung durch den Aufweis von Helden und Waffen, die Schutz, Gemeinschaft,

Kampf für Verteidigung und Befreiung verheißen! Und als Happy End eine herrliche Zukunft!

Das »Statement of Aims« ist die inspirative Quelle der jahrzehntelangen weltweiten Dominanz von Profit, Wettbewerb und Wachstum. Propheten eines Wandels verkünden in dieser »Bergpredigt« in wenigen Sätzen eine großartige Vision. Es ist wie eine Brille, durch die man auf das Durcheinander dieser Welt blickt. Plötzlich erkennt man Struktur, Ordnung und Orientierung. Alles fällt an seinen Platz. Man sieht, was man tun muss, damit eine bessere Welt für alle möglich wird. Wer dies liest und hört, ist angesprochen, vielleicht begeistert. Und schon ist man Fan und Anhänger einer Ideologie, deren Handlungsrezepte man bereitwillig übernimmt und die man dann energisch gegen Andersdenkende oder widersprüchliche Fakten verteidigt.

Die heute dominierende neoliberale Erzählung rechtfertigt aus drei Gründen eine genauere Analyse. Zum einen, weil es ihr weltweit gelang, nationale und kulturelle Interessen zu überlagern und sie deshalb zurecht als »Große Erzählung« gelten kann (siehe 3.3). Zum Zweiten, weil sie eine wichtige Ursache hinter den vielen Gegenwartsproblemen ist und deshalb – drittens – eine Fülle von Gegenerzählungen provozierte, von denen national-völkisch-populistische »kleine« Erzählungen lediglich besonders virulente sind.

All dies legt nahe, dass jeder Einsatz gegen die heute dominierende Erzählung sowie die dadurch provozierten populistischen Gegenerzählungen eine eigene, alternative Erzählung braucht, die eine gleich starke Verheißung und »Frohe Botschaft« anbietet. Dabei wird es sich auch um eine Erzählung von Konflikt, Kampf und Befreiung handeln, im Fall dieses Buchs freilich um eine, die die Gebote der christlichen Bergpredigt, die Erfahrungen eines Gandhi oder Martin Luther King sowie neueste Erkenntnisse der Forschung zu Bewegungen zivilen Widerstands einbezieht.

Bevor wir aber dahin kommen, zunächst einige Darlegungen, wie Erzählungen entstehen.

3.2 Individuelle Erzählungen

Wenn wir über aktuelle Themen diskutieren, halten wir uns für intelligent und rational, so wie es sich für den »Homo Sapiens« gehört. In den Debatten über die Beschränkungen in und die Folgen der Coronakrise wurde aber zuletzt wieder deutlich, dass Menschen sich in dieser Welt nicht nur rational-logisch, sondern auch »irrational«, emotional und oft unbewusst aus dem Bauch heraus über existenziell und tief verankerte Erkenntnis- und Bedeutungsmechanismen orientieren. Dies hat frühkindliche Wurzeln, denn die früheste Wissensgewissheit, die ein Mensch hat, ist keine intellektuelle, sondern die emotionale

Gewissheit von Angenommensein durch die Eltern. Recht bald im Anschluss an den Spracherwerb sind Märchen und Sagen erste Instrumente, die Kindern helfen, eine als ungeordnet-chaotisch erlebte Umgebung zu ordnen und zu verstehen. Durch deren Bilde(r)kraft erwerben sie ihr Wissen über Richtig und Falsch sowie Gut und Böse. Sie werden gefesselt durch Erzählungen von Helden, Schurken, Gefährtenschaft, Abenteuer, Kampf und Verteidigung, Treue und Verrat. Sie sind gefangen von den Verheißungen, der Suche und dem Auffinden unermesslicher Schätze und so weiter. Durch die gemeinsame Sprache und die gemeinsam geteilte Bilderwelt entstehen Vertrautheit und Vertrauen in einer Gemeinschaft ebenso wie unreflektiert geteilte Werte und Normen. Diese prägenden Ordnungskategorien werden zeitlebens mithilfe von Opern, Literatur, Kinofilmen und Netflix-Serien verfeinert und vertieft. Mit diesen Prozessen beschäftigen sich heute nicht nur Biologen und Psychologen, sondern auch Futurologen, Soziologen, Anthropologen, Linguisten, Politikwissenschaftler, Historiker, Journalisten und Ökonomen.

So erwerben und bilden wir unseren *Common Sense*, den gesunden Menschenverstand. Das sind jene einfachen, eingängigen, ja selbstverständlichen Leitlinien, nach denen wir uns in der Regel unbewusst und unreflektiert persönlich, gesellschaftlich, politisch und wirtschaftlich richten und organisieren. Durch die Brille dieser Erzählungen deuten wir Fakten bzw. versuchen wir in verwirrenden Situationen, den Fakten Bedeutung für uns abzugewinnen. Setzt sich solch eine hilfreich-nützliche Erzählung fest, ist sie kaum zu erschüttern und wird zäh verteidigt. Das hat seinen Grund im sogenannten *confirmation bias* (Bestätigungsvorurteil). Dieser Ausdruck bezeichnet die menschliche Neigung, sich Fakten und Informationen so zu suchen, auszuwählen und zu interpretieren, dass sie die eigenen Erwartungen erfüllen. Letztlich besitzt niemand eine objektiv unbestreitbare Wahrheit. Eben weil jeder seinen Zugang zu Welt und Wirklichkeit nur durch seine individuelle Brille sieht, kann er auch nach außen nur seine subjektive Sicht der Dinge kommunizieren.

Um das zu verstehen, stellen Sie sich Folgendes vor: Jemand ist glücklich und engagiert in seinem Job und bekommt viel positive Rückmeldung von Kunden, Kollegen und dem Chef. Plötzlich wird er dennoch entlassen.

Die Welt, wie er sie kennt, bricht zusammen, und er fragt sich: Warum ich? Warum nicht andere? Habe ich in den letzten Jahren die Signale falsch gedeutet? Lag der Fehler bei mir? Oder doch bei anderen? Ich bin doch der Held der Geschichte! Wer also ist der Bösewicht? Waren es die bösen Kapitalisten, die Unternehmensbereiche »outgesourct« haben? Oder »Asylanten«, die mir den Job wegnehmen? Und wo liegt die (Er-)Lösung? Wie kann ich diesen unerwarteten Schritt für mich aufarbeiten und verständlich machen? Und wenn ich um Rat und Meinung frage: Wem glaube ich? Meinem Chef? Meinen Kollegen? Den Medien? Kurz und gut: Man biegt sich die Dinge zurecht.

Dieses Beispiel veranschaulicht erneut, wie viele andere Formen von Wissen und Gewissheit es für Menschen gibt: intellektuelle, emotionale, intuitive usw. Weltbilder sind dabei umso stabiler, je mehr ihnen anhängen und je ausgeprägter das geteilte Wir-Gefühl ist. Populisten wissen das und arbeiten damit. Genau das wird deutlich, wenn AfD-Politiker Pazderski bekräftigt: »Perception is reality«. Und es erklärt, warum es dort, wo keine »Ausländer« wohnen, besonders einfach ist, ausländerfeindliche Mythen zu verankern: Da niemand einen realen Ausländer trifft und kennenlernt, sind Vorurteil und Feindbild unerschütterlich.

Dieses Beispiel macht zudem andere Probleme verständlich, mit denen wir dieser Tage auf gesellschaftlicher Ebene zu kämpfen haben, etwa beim Klimawandel: Weil jeder nur einen subjektiven Zugang zur Wirklichkeit hat, funktioniert auch Wissenschaft »nur« nach Regeln, die zwischen Subjekten, also intersubjektiv, vereinbart wurden. Diese legen dann fest, welche Methoden beweiskräftig sind oder aufgrund welches Beweises welche Aussagen als wahr und richtig überprüft oder widerlegt werden. Insofern ist Wissenschaft nicht objektiv, sondern intersubjektiv, wenngleich es selbst in komplexen Fällen zu einem wissenschaftlichen Konsens kommen kann.

Viele Menschen haben heute im Persönlichen wie im Globalen zunehmend Probleme, den Durchblick zu behalten. Forscher berichten, dass gerade Menschen, die von der Komplexität der Welt überfordert sind, unter Kontrollverlust und Abstiegsangst leiden.

Diese seien besonders empfänglich für Mythen, die dies auffangen und kompensieren – vielleicht sogar dem Hörer das Gefühl vermitteln, über Geheimwissen zu verfügen, das ihm gegenüber der Masse der Bevölkerung einen Machtvorteil verschafft.

Mit Appellen, Belächeln und Beschimpfung dagegen anzugehen, hilft nicht, sondern erreicht eher das Gegenteil. Gelingt es nicht, die Lücke zwischen Verschwörungstheoretikern, Populisten und dem Mainstreamwissen zu überbrücken, dann suchen sich Menschen weiter das zu ihrer Gewissheit passende Wissen an anderer Stelle und igeln sich mit Gleichgesinnten ein. Die Folge: Die Gesellschaft zerfällt in Teilöffentlichkeiten, Filterblasen und Echokammern.

3.3 Große Erzählungen

Dies leitet über zu dem, was der Philosoph Jean-François Lyotard als »Große Erzählungen« bezeichnet (Lyotard, 1979). Große Erzählungen bieten weit über Einzelpersonen, weltanschauliche Grüppchen, ja Völker und Nationen hinaus einen gemeinsamen Deutungs- und Referenzrahmen. Darin entwickeln Menschen trotz aller Verschiedenheit etwa gemeinsame Vorstellungen von Fortschritt oder Wohlstand. Als Beispiele nennt Lyotard die mittelalterliche Weltordnung, die von der Kirche bestimmt war, das Zeitalter der Aufklärung oder den Marxismus. Es gibt zudem Anhaltspunkte, dass Lyotard die heutige Ausformung des Kapitalismus und dessen Weg zur »Schaffung von Reichtum« den Großen Erzählungen zurechnete.

Wie im Kleinen, so im Großen: Wie oben anhand des plötzlich arbeitslos Gewordenen gezeigt, geht es auch hier um Sätze, Werte, Grundannahmen und -überzeugungen und andere Bausteine, die man nehmen und zu einem Referenzrahmen für den Umgang mit der Welt und darin bestimmte Ziele verknüpfen kann. Wie dies im größeren Rahmen funktioniert, habe ich oben (3.1) anhand des »Statement of Aims« gezeigt: Dort »verpackte« eine Gruppe Annahmen und Überzeugung mit einem bestimmten Zweck und einer bestimmten Absicht. Dieser Vorgang ist als »Framing« (Rahmung) bekannt, und das Ergebnis ist ein Deutungsrahmen, in den jeder bewusst oder unbewusst Informationen und Fakten stellt.

Wie wichtig das Verhältnis zwischen »Fakt« und »Frame« ist, möchte ich anhand von zwei Beispielen aus meiner eigenen Arbeit schildern. In der Kampagne für das Verbot von Anti-Personen-Landminen ging es darum, das Framing der Streitkräfte (»Landminen sind unabdingbar für die Sicherheit des Landes und den Schutz unserer Soldaten«) durch eine humanitäre Sicht zu ersetzen (»Landminen verletzen vor allem

Unschuldige, die nicht an Kampfhandlungen beteiligt sind«).

Ähnlich hinsichtlich des Einsatzes für soziale Rechte illegaler Migranten. Hier galt es, die ursprünglich dominierende Wahrnehmung, nach der »illegale Migranten allesamt Kriminelle sind«, durch eine differenziertere Sicht zu ersetzen. Etwa, dass es sich in der überwiegenden Mehrheit um Menschen handelt, die auf der Suche nach einem Job sind und mangels legaler Optionen zum unerlaubten Aufenthalt gezwungen sind. Das ist zwar eine Straftat, aber eben kein kriminelles Verhalten, welches auf absichtliche Schädigung Dritter aus ist. Beides endete erfolgreich: Im ersten Fall kam es 1997 zu einer Waffenverbotskonvention und zur Verleihung des Friedensnobelpreises, im zweiten Fall wurden soziale Rechte von Migranten sowie die Rechtssicherheit ihrer Helfer per Gesetz gestärkt.

Wie wichtig Framing für den ganz großen Kontext sein kann, veranschaulichte bereits der griechische Philosoph Aristoteles in seinem Buch »Die Politik«. Dort erläutert er, welchen Unterschied es macht, ob eine Gesellschaft ihre Wirtschaft entlang der »oikonomia« (Kunst des Haushaltens mit knappen Ressourcen) oder der »chrematistike« (Kunst des Bereicherns) organisiert. Das ist noch immer aktuell: Auch heute kann ich, je nach den Wertfundamenten meines Theoriegebäudes, entweder eine empirisch-anwendungsorientierte Wirtschaftsweise entwickeln, in deren Zentrum die Kunst des Haushaltens mit knappen Ressourcen steht, oder eine Wirtschaftsweise, in deren Zentrum Kapitalrendite, Shareholder Value und andere Formen schamloser Bereicherung stehen.

Sie erkennen: Zwar ist dieses Verpacken von Fakten in jeder Kommunikation unvermeidlich, aber das besonders kunstvolle Verpacken und Präsentieren von Inhalten ist auch ein einträgliches Geschäft: Lobbyisten, PR-Experten, Think-Tanks oder Spin-Doktoren verdienen viel Geld damit, um für Auftraggeber bestimmten Werten und Grundüberzeugungen breite Akzeptanz und Respekt zu verschaffen. Sie haben dann gewonnen, wenn niemand mehr merkt, dass die Gedanken gelenkt werden. Dann hält man bestimmte Sichtweisen irgendwann für so selbstverständlich, dass man sie ebenfalls übernimmt.

Freilich: Das Verständnis der heute dominierenden, neoliberalen Großen Erzählung, die von vielen Menschen immer noch als die alternativlos beste Weise gesehen wird, Wirtschaft und Gesellschaft zu organisieren, ist bei einem Wirtschaftsprofessor sicher deutlich komplexer, reflektierter und systematischer ausgeprägt als beim Großteil der Bevölkerung. Und doch wird es Überlappungen geben, etwa im Glauben an den Satz: »Erfolg beruht auf Leistung«, der Bedeutung von Wirtschaftswachstum für Wohlstand und freien Märkten für Wettbewerb oder die (nie bewiesene) Gewissheit, dass Erbschaftsteuern für Superreiche Jobs kosten.

Dass es trotzdem höchste Zeit ist, den Neoliberalismus in Frage zu stellen, erkennen inzwischen selbst Musterschüler der Mont Pelerin Society, etwa das Weltwirtschaftsforum in Davos. Dessen Gründer, Klaus Schwab, mahnt nach Corona einen »Great Reset« (Große Zurücksetzung) unserer Weltwirtschaftsordnung an. Damit müsse eine vorurteils- und schonungslose Bestandsaufnahme einhergehen, »insbesondere der neoliberalen Ideologie« (Schwab, 2020).

Sehr richtig. Nur gilt es, aus den Fehlern der Vergangenheit zu lernen. Solche Bestandsaufnahmen erfolgten bislang vor allem auf der Argumentationsebene. Eine Auseinandersetzung nur auf dieser Ebene führt aber dazu, dass die Angegriffenen erst recht einen »confirmation-bias Turbo« anwerfen: Sie sehen in der Ausführlichkeit, mit der sich kritisch mit ihren Inhalten auseinandergesetzt wird, gerade wieder eine Bestätigung von deren Alternativlosigkeit. Denn hielten die Kritiker Alternativen für möglich, würden sie solche ja entwickeln und promoten, und sich nicht mit der Kritik am Bestehenden aufhalten.

Schon 1999 erkannte Donella Meadows, dass man wahren Wandel nur vorantreiben kann, wenn man die Denkweise hinter der aktuell gültigen Erzählung einer Gesellschaft durch eine alternative Denkweise ersetzen kann, die Gleichwertiges oder Besseres verheißt und zugleich nachweisen kann, dass sie in dieser Welt eine realistische und machbare Alternative ist. Oder, im Bild von Pierre Bourdieu gesprochen: Wie Feuer oft nur durch das Legen eines Gegenfeuers bekämpft werden kann, so bedarf es letztlich einer Gegenerzählung, um den Neoliberalismus zu bekämpfen.

Gibt es eine solche alternative Erzählung, werden Informationen und Argumente anders aufgenommen, bedeutungsvoll geordnet und in Handlungsoptionen überführt. Auch hilft diese Erzählung dabei, stets das im Kopf präsent zu haben, was ich will und was ich nicht (mehr) will. Dies verhindert, dass ich mich in der Hitze komplexer Debatten verzettele, sondern immer wieder einen Schritt zurückzutreten und rechtzeitig merken kann: Wohin sich die Diskussion gerade entwickelt, dort möchte ich einfach nicht (mehr) sein und deshalb nicht mehr mitgehen. Eine solche Erzählung hilft, sich nicht mehr am Bestehenden abzuarbeiten und dadurch dessen Leben zu verlängern, sondern sich dem Neuen zuzuwenden

Also: Arbeiten wir uns nicht länger an den Ewiggestrigen ab. Tun wir ihnen diesen Gefallen nicht mehr länger. Definieren wir neue Ziele für unser eigenes Leben und unser Zusammenleben. Wenden wir uns innerhalb dieses neuen Werterahmens mit aller Energie dem Entwickeln und Zusammenpassen von alternativen Organisationsformen für unsere Gesellschaft zu. Verbinden wir uns mit jenen, die mit Kreativität und Kraft eine sozialere und nachhaltigere Alternative umsetzen und stärken wollen! Werden wir *Change Agents*! Und versuchen wir, die Unentschlossenen und Zweifler für unsere Sichtweise zu gewinnen.

3.4 Kennzeichen einer guten Erzählung

Aufgrund der sich intensivierenden Forschung gibt es mittlerweile eine Fülle von Kriterien, die gute Erzählungen charakterisieren. Die Futurologin Amy Webb schlägt folgende Leitfragen vor:

1. Was sind die möglichen Trends in einer Gesellschaft und wer steckt hinter ihnen?
2. Wie wirken diese Ereignisse auf Menschen, Organisationen, Wirtschaft, Regierung ... ein, je nachdem, ob sie sich durchsetzen oder floppen?
3. Wer sind die »Antreiber des Wandels«?
4. An wen richten sich die Trends bzw. auf wen oder was zielen sie?
5. Wer beansprucht welche Deutungshoheit für diese Trends? Wo versagt welche Deutung?
6. Wo schaffen die Trends neue Partnerschaften und Bündnisse zwischen verschiedenen Gruppen?

Amy Webb fährt fort: Eine Erzählung sollte

- kurz und leicht zu merken sein,
- sich von anderen Erzählungen abgrenzen,
- klar erkennbare Beziehungen zwischen Ursache und Wirkung haben,
- eine Ausgangssituation mit einem Weg zu einem Ziel mit glücklichem Ende verbinden,
- Emotionen wecken bzw. an Emotionen anschlussfähig sein,

- mit bewährten archetypischen Bildern und Schablonen arbeiten,
- mit dem neuesten Stand der Wissenschaft übereinstimmen und handlungsinspirierend sein.

Grundkenntnisse in Religion, Glaube, Spiritualität und Theologie sind hilfreich, gehören doch die dort verorteten Erzählungen zu den erfolgreichsten der Menschheitsgeschichte. Religionen haben über Jahrtausende hinweg intellektuelles Wissen, emotionale, soziale, kulturelle und traditionelle Einbettung und Gewissheit vermittelt und suchenden Menschen Erfahrungsräume eröffnet, die dieses tradierte Wissen bestätigen. Und da, wie ich zeigen werde, jegliche gesellschaftliche Transformation heute zuerst und zunächst eine Umkehr bei individuellen und gesellschaftlichen Leitwerten verlangt, sei auf diesen reichen Schatz an wertvoller ethisch-moralischer Orientierung verwiesen.

Eine gute Erzählung charakterisiert nicht, dass sie eins zu eins von anderen übernommen werden kann. Ein guter Erzähler, so Papst Franziskus, erzählt seinem Zuhörer »einen Gedanken, aber dann begleitet er dich nur bis zu einem Punkt, bevor er dich innehalten lässt, um dir Raum zum Nachdenken zu geben. Er schafft einen Raum, in dem du der Wahrheit begegnen kannst. Ein fruchtbarer Gedanke sollte immer unfertig sein, um einer weiteren Entwicklung Raum zu geben« (2020b).

4 Eine alternative Erzählung

In 3.1 habe ich mithilfe des »Statement of Aims« der Mont Pelerin Society gezeigt, wie eine komplexe Ideologie derart kurz und knackig auf den Punkt gebracht werden kann, dass ihre Erzählung jahrzehntelang Wissenschaft, Wirtschaft, Politik und Gesellschaft zu prägen vermag. Wie könnte also eine alternative Erzählung dazu aussehen? Vielleicht so:

> Lange genug haben wir Kurzschlüssen geglaubt wie: »Macht euch die Erde untertan! Vertrau der unsichtbaren Hand des Marktes! Die steigende Flut hebt alle Boote! Erfolg beruht auf Leistung! Hast du was, bist du was!« Deshalb konkurrierten wir um die besten Positionen, Karrieren und Gehälter und kauften massenhaft Dinge, die wir zwar nicht brauchten, die aber allen zeigten: »Ich bin besser als du!«
>
> Heute verstehen wir, wie hoch die Kosten dieses Lebens sind: Die Reichen werden reicher, die Armen ärmer. Der gesellschaftliche Zusammenhalt wird ebenso zerstört wie Natur und Demokratie. Die Welt trudelt der Selbstzerstörung entgegen.
>
> Zugleich sehen wir, dass es stets Menschen gab, die das nicht mitmachten. Heldinnen und Helden, die trotz Spott und Hohn vorlebten: »Geld allein macht nicht glücklich. Die wichtigsten Dinge kann man nicht kaufen.«

Es sind Menschen, die auch andere, lang verdeckte Wahrheiten am Leben hielten: Der Mensch ist ein spirituell-soziales Wesen, auf Kooperation angelegt, nicht auf Konkurrenz. Der Mensch ist Teil der Natur, nicht der Herrscher über sie.

Ihr Beispiel steckt uns an: Wir folgen ihnen und entdecken Schätze der Freude und Kraft, von denen wir nicht wussten, dass sie in uns schlummerten. Wir erkennen, wie blind wir waren.

Deshalb rebellieren wir. Wir sprengen die Ketten der Alternativlosigkeit. Wir weigern uns fortan, gegeneinander ausgespielt zu werden. Wir widersetzen uns Aufforderungen zu mehr Konsum und Wettbewerb. Gemeinsam lösen wir die gemeinsamen Probleme. Jeder trägt seinen Teil zum Kampf für Gerechtigkeit und Nachhaltigkeit bei. Mitbestimmungs-, Eigentums- und Produktionsverhältnisse, Arbeit, Einkommen und vieles andere wird neu gewichtet und geregelt.

Wir stürzen das Geld vom Thron und machen es zum Diener aller. Materielles Wachstum verliert seine Bedeutung, inneres Wachstum und Streben nach Glück, Sinn und Wohlergehen gewinnen.

Kraftorte wachsen in einem Kampf für eine bessere Welt, der lang und hart sein wird. Aber weil wir durchhalten, wird unserer Erde und allen, die darauf leben, ein glückliches Ende blühen.

Nachfolgend möchte ich den Beleg antreten, dass eine neue alternative Erzählung nicht nur empirischen Erkenntnissen der Wissenschaft besser Rechnung trägt, sondern auch unterschiedlichste Handlungsstränge so verbinden kann, dass eine Alternative zum aktuell dominierenden System in Reichweite ist.

Die hier vorgestellte Erzählung ist in die Abschnitte »Sehen, Urteilen, Handeln« unterteilbar. Entsprechend erläutern die drei folgenden Kapitel die dazugehörige Faktenlage.

5 Hintergrund Sehen: Enttarnung der alten Erzählung

> Lange genug haben wir Kurzschlüssen geglaubt wie: »Macht euch die Erde untertan! Vertrau der unsichtbaren Hand des Marktes! Die steigende Flut hebt alle Boote! Erfolg beruht auf Leistung! Hast du was, bist du was!« Deshalb konkurrierten wir um die besten Positionen, Karrieren und Gehälter und kauften massenhaft Dinge, die wir zwar nicht brauchten, die aber allen zeigten: »Ich bin besser als du!«
>
> Jetzt verstehen wir, wie hoch die Kosten dieses Lebens sind: Die Reichen werden reicher, die Armen ärmer. Der gesellschaftliche Zusammenhalt wird ebenso zerstört wie Natur und Demokratie. Die Welt trudelt der Selbstzerstörung entgegen.

5.1 Grundlagen dominierender Überzeugungen

Ausgefeilte Theorien fallen nicht vom Himmel, sondern bauen auf Vorhandenem auf. Bausteine werden aus bestehenden Kontexten herausgebrochen und zu neuen Kontexten zusammengefügt. Dabei zählt weniger, was ursprüngliche Ideengeber an Gutem und Differenziertem gesagt haben, sondern was Praktiker und Machtmenschen glauben, daraus machen zu können.

Eine neue Theorie ist dann besonders erfolgreich, wenn sie sich über inspirierend-einfach zu merkende Sätze, Bilder und Vergleiche breit kommunizieren lässt. Entsprechend habe ich am Anfang meiner Erzählung einige Beispielsätze zusammengestellt, die meiner Meinung nach zur gegenwärtigen Großen Erzählung beigetragen haben könnten:

- Der aus dem Zusammenhang gepickte Bibelvers aus einem der beiden Schöpfungsberichte und dessen sehr einseitige Interpretation wuchsen über die Zeit hinweg zu der Vorstellung des Menschen als Krone und Herrscher der Schöpfung heran. Ab der Renaissance entwickelte dieser Mensch individuelle Züge, erste theologische Verbindungen zwischen persönlicher Arbeit, Kapitalismus und gottgefälligem Reichtum entstanden. Von da an war es nur noch ein kleiner Schritt zur Nutzung technischer Hilfsmittel bei der Beherrschung und Ausbeutung der Schöpfung: Das »technokratische Paradigma«, welches Papst Franziskus in »Laudato si« kritisiert, war geboren.

- Adam Smiths anschauliches Bild des Markts als »unsichtbarer Hand«, welches das Eigeninteresse einzelner Menschen wundersam zum Wohle aller lenken soll und doch, sich selbst überlassen, eher zur »unsichtbaren Faust« wird (Halliday & Thrasher).

- Das Bild der »steigenden Flut«, nach der die Armen profitieren, wenn es den Reichen gutgeht, wurde unter dem Namen »Trickle-Down-Theorie« bekannt. Dieser Ausdruck wiederum geht offensichtlich auf einen Scherz des Komikers Will Rogers zurück.

- Die Sprüche »Erfolg beruht auf Leistung« (was die Bedeutung von Herkunft und Elternhaus ignoriert) oder »Hast du was, bist du was« sind so verbreitet, dass wohl niemand sagen kann, wo deren Ursprünge liegen.

Zentral im Prozess der kapitalistischen Theoriebildung waren Aufstieg und Zementierung eines bestimmten Menschenbilds: das des »wirtschaftlich denkenden Menschen« (Homo Oeconomicus), der seinem Handeln individuelle, rationale Kosten- und Nutzenrechnungen zugrunde legt. George Monbiot gibt die kürzeste und zugleich präziseste Zusammenfassung zu Ursprung und Karriere des Homo Oeconomicus: Die wenigsten scheinen zu wissen, »dass das Konzept von John Stewart Mill und anderen als Gedankenexperiment formuliert wurde. Bald wurde es ein Gestaltungswerkzeug. Dann wurde es ein Ideal. Schließlich entwickelte es sich in eine Beschreibung dessen, was wir wirklich sind« (Monbiot, 2017).

Dabei ist das Konzept des Homo Oeconomicus keine reine Erfindung. Es gibt durchaus Anhaltspunkte in der Evolution, die auf genetische Grundlagen von Konkurrenz, Wettbewerb- und Dominanzverhalten hinweisen. Nur wurden diese für die Konstruktionen des Homo Oeconomicus herausgepickt und überbewertet. Andere menschliche Wesenszüge, die historisch wesentlich wichtiger sind, wurden vernachlässigt oder gar unterdrückt, weil sie in die Theorie nicht hineinpassten (siehe 6.3).

Wer aber ernsthaft glaubt, der Mensch könne tiefsitzende emotional-psychologische Einflüsse auf Entscheidungen so rationalisieren oder ausklammern/verdrängen, dass sie seine Nutzenkalkulationen nicht verfälschen, der glaubt auch, dass es einen idealen Kapitalismus, eine ideale freie Marktwirtschaft gibt – die makroökonomische Entsprechung zum Homo Oeconomicus. Und so man hört ja auch oft: »Würde der Fluss des Kapitals, würden die Märkte von allen schädlichen (menschlichen/staatlichen) Einflüssen befreit, dann würden sie wie vorhergesagt funktionieren.«

Nur: Es gibt weder diesen idealen Homo Oeconomicus noch gibt es idealen Kapitalismus noch gibt es ideale, gar freie Märkte. Die idealen Modelle, die ihre Vertreter lehren, funktionieren nur, indem vieles von dem, was nicht in die mathematischen Modelle passt, einfach externalisiert, ausgeklammert und vernachlässigt wird – im Makroökonomischen auch und gerade die kostenlos verfügbaren natürlichen Grundlagen menschlichen Lebens wie Luft, (Ab-)Wasser oder Boden. Oder: Indem man ausklammert oder vergisst, dass selbst perfekte Theorien (so es sie gibt) von realen Menschen mit ihren Hintergründen und Triebkräften umgesetzt werden.

Was passiert, wenn man zu einfache Modelle mit der Realität verwechselt, brachte die britische Königin auf den Punkt, als sie fragte, warum niemand die Weltfinanzkrise 2007/2008 vorhergesehen hatte. Nun, weil so etwas in den mathematischen Modellen der herrschenden Lehre schlicht nicht vorgesehen war und überraschend als »exogener Schock« daherkam. Nur »heterodoxe« Ökonomen warnten davor – aber auf sie wurde nicht gehört.

Dabei muss man nicht die britische Königin sein, um zu merken, dass eine auf Statistik und Formeln basierende Wirtschaftswissenschaft »unterkomplex« ist. Wir erinnern uns an die vielen Einflüsse auf Wissen und Gewissheit, auf Analyse und Prognose beim Menschen (3.2). Wie viele Einflüsse mehr gibt es im Bereich von mikro- und makroökonomischen Zusammenhängen, die untersucht, gewichtet und gewürdigt werden sollten! Und trotzdem wurde und wird dieses Menschenbild und die ihm korrespondierende Wirtschaftsordnung von der Wissenschaft verbreitet, von der Politik begünstigt, von der Wirtschaft für Werbezwecke instrumentalisiert und in der Schule durch die Förderung von Wettbewerbsdenken bzw. die vermeintliche Objektivität und Vergleichbarkeit von Noten eingepaukt. So kommt es, dass heute allzu viele Menschen in einer solchen Entscheidungs- und Handlungslogik verharren. Das wiederum schafft Fakten, die systembildend und systemstabilisierend wirken. Anders gesagt: Mit der Zeit kam über viele individuelle Entscheidungen ein Prozess in Gang, der ein Zwang ausübendes System schuf, welches wiederum die Freiheit des Menschen einschränkt und das Überleben der Gattung gefährdet. Diesen Prozess hin zu den heutigen »Strukturen der Sünde« beschrieb Papst Johannes Paul II. in seiner Enzyklika »Sollicitudo Rei Socialis« wie folgt: Diese hängen »immer mit konkreten Taten von Personen (zusammen), die solche Strukturen herbeiführen, sie verfestigen und es erschweren, sie abzubauen. Und so verstärken und verbreiten sie sich und werden zur Quelle weiterer Sünden, indem sie das Verhalten der Menschen negativ beeinflussen« (Nr. 36).

Es sind diese Strukturen, die nach Auffassung von Papst Franziskus zu einem »neuen Kolonialismus« führten. In seiner Ansprache an das zweite Welttreffen der Basisbewegungen nennt Franziskus als Ausflüsse dieses Kolonialismus Geldherrschaft, Spardiktat, Freihandel, Konzerne sowie konsumorientierte Gleichmacherei auf Kosten von Arbeitnehmern, armen Haushalten und Staaten sowie kultureller Vielfalt. Franziskus warnt, dass solch gewaltsame Unterdrückung irgendwann Gegengewalt erzeugen wird, die weder Polizei noch Armee noch Geheimdienste werden kontrollieren können (Papst Franziskus, 2015).

Geld und Macht konzentriert sich in immer weniger Händen und gefährdet die Demokratie. Wir sind auf dem Weg in »Erboligarchien« (Stiglitz, 2012), einen »patrimonialen Kapitalismus« (Piketty, 2014), »ökonomischen Feudalismus« (Freeman, 2012) und »Informations-Feudalismus« (Drahos & Braithwait, 2002). Vorstehende Autoren untermauern die These, dass Feudalismus neben Kapitalismus und Sozialismus das dritte, die Menschheitsgeschichte prägende politisch-ökonomische Paradigma ist und jede Gesellschaft dieser Erde deshalb einen Mix aus diesen drei Traditionen erkennen lässt. Heute gewinnen feudalistische Elemente wieder massiv an Prägekraft und Bedeutung (Halliday & Thrasher, 2020, Piketty, 2020).

Am kritischsten wird die Macht des herrschenden Systems von seinen Insidern gesehen. Etwa von John Doe, der anonymen Quelle der Panama-Papers, eines großen Datenlecks, das Einblick in die Verdorbenheit des globalen Finanz- und Offshoresystems bot, welches privaten und betrieblichen Großvermögen über Briefkastenfirmen Steuerhinterziehung oder dem Organisierten Verbrechen Geldwäsche ermöglicht. Auf diesem Hintergrund rechtfertigte John Doe seinen Verrat von Firmengeheimnissen mit der »kompletten Erosion ethischer Standards, (die) zu einem neuen System (führte), das wir noch Kapitalismus nennen, welches aber ökonomischer Sklaverei gleichkommt. (...) Wenn es einen Whistleblower braucht, um dagegen Alarm zu schlagen, sollte dies umso mehr beunruhigen: Denn es zeigt, dass die demokratischen Checks & Balances versagt haben« (Doe, 2016). Die Enthüllungen der Panama-Papers führten zwar zu einer nie dagewesenen internationalen Strafverfolgung sowie Verbesserungen in Politik, Recht und zwischenstaatlicher Kooperation. Aber immer noch gibt es Steueroasen für Steuerhinterzieher und Verbrecher.

Natürlich leugne ich nicht, dass das bisherige Wirtschaftssystem auch Gutes bewirkt hat, etwa die Verringerung von Armut und Kindersterblichkeit, weltweite Impf- oder Bildungskampagnen. Aber: Zum einen ist dieses System volatil und schockanfällig. Kommt es zu Finanzkrisen, Wetterkapriolen oder eben einer Pandemie, werden Jobs vernichtet, steigt der Hunger, fällt Schulunterricht aus, geht Impfschutz wegen fehlender Auffrischung verloren. Zum anderen waren selbst diese Erfolge nur möglich durch Ausbeutung von Arbeitskraft in Billiglohnländern sowie das Ignorieren der planetaren Grenzen: Schon jetzt verbraucht die Menschheit pro Jahr mehr an Ressourcen, als unser Planet auf natürlichem Weg regenerieren kann. Würde jeder Mensch weltweit produzieren und konsumieren wie ein Deutscher in unserer Zeit, bräuchten wir zweieinhalb Planeten. Wir haben aber nur einen! »Wer glaubt, exponentielles Wachstum könne in einer endlichen Welt unendlich weitergehen, ist entweder wahnsinnig oder Ökonom« (Kenneth E. Boulding). Sind wir nicht auf der Hut, frisst genau jenes Produktions- und Konsumsystem den von ihm geschaffenen Wohlstand wieder auf.

Das heutige System zwingt selbst jene Unternehmer, die gerne anders handeln würden, dazu, nach seinen

Regeln zu spielen. Exemplarisch hierfür ist der Ausspruch eines Multimillionärs und Unternehmers, der mir einst bekannte: »Ich würde ja gerne anders handeln. Tue ich es aber, bestrafen mich die Märkte, und das Kapital macht einen Bogen um mich und gefährdet meine Arbeitsplätze.« So wird der Mensch zunehmend von sich selbst entfremdet, von seinen Mitmenschen, von Kultur, Natur, Umwelt und Schöpfung.

5.2 Auswirkungen dominierender Überzeugungen

Das vorstehende Zitat lenkt den Blick auf die Grundlagen und Treiber hinter den von Menschen geschaffenen systemischen Sachzwängen:

- Freie, deregulierte Märkte, die Staaten in den Standortwettbewerb um noch mehr Freiheit und Deregulierung zwingen, weil sonst der Abzug von Kapital und Arbeitsplätzen droht.
- Ein Kapitalismus, der sich zunehmend von der Realwirtschaft löst und Renditen zu Lasten von Arbeitnehmern und Umwelt erwirtschaftet.
- Ein Zwang zu Wirtschaftswachstum, ohne das der zu verteilende Kuchen nicht größer würde, Löhne nicht steigen und Sozialsysteme nicht nachhaltig finanziert werden könnten.
- Konsumzwang, denn was produziert wird, muss verkauft werden. Geht das nicht, werden Menschen mit Werbung zur Anschaffung von Dingen überre-

- det, die sie eigentlich nicht brauchen. Und so gewinnt Geltungs- oder Statuskonsum an Bedeutung, also ein Konsum nach dem Motto: »Haben statt Sein«, mit dem Menschen besser dastehen wollen als jene, mit denen sie sich vergleichen.

- Die Verfügbarkeit billiger fossiler Energie, die wiederum teuer erkauft wird, indem man »negative Externalitäten«, Kartelle, Manipulation und Unterdrückung kritischer Meinungen, die Stützung von Diktaturen sowie willkürlich vom Zaun gebrochene Kriege einfach ausklammert.

- Eine »Einbahnstraßenwirtschaft«, in der es billiger ist, natürliche Rohstoffe auszubeuten, über weite Strecken zu transportieren, zu verarbeiten und dann wegzuwerfen, anstatt sie zu recyceln und wiederzuverwenden.

- Effizienz- und Innovationszwang, der sich an der Renditeerwartung der Kapitalgeber orientiert und dabei Arbeitsplätze gefährdet und wegrationalisiert (»Jobless growth«).

- Corporate Capture – das Kapern von Entscheidungsprozessen durch Lobbyismus, der politischen Entscheidungsträgern das »Weiter-So und Mehr-Davon« als alternativlos darstellt und Rahmenbedingungen für Vermögende und Konzerne stets vorteilhafter zu gestalten sucht.

All dies führt zu den vier »Megakrisen«, die Auslöser meines Buchs »Handelt!« waren: Der unkontrollierbare Finanz- und Offshorekapitalismus, die Übernutzung und Verschmutzung natürlicher Ressourcen, die Komplexität und Geschwindigkeit technischer Entwicklungen sowie der wachsende Druck auf Demokratie, Staaten und andere Formen von Regierungsfähigkeit (Governance). Heute, ein Jahr weiter, sehe ich mich in allem bestätigt:

- Die Coronapandemie ist eine Zoonose, d. h. der Übersprung eines Virus von Tieren auf Menschen. Je mehr der Mensch natürliche Lebensräume zurückdrängt, desto leichter wird dies auch in Zukunft möglich sein.
- Die letzten sechs Jahre waren die heißesten seit Beginn der Wetteraufzeichnungen, 2020 war das zweitheißeste Jahr überhaupt.
- Corona verschob vielleicht Topvermögen innerhalb von Branchen, abgenommen hat die Vermögensungleichheit aber nicht – im Gegenteil. Neueste Forschung erhärtet zudem, dass die Vermögensungleichheit in Deutschland eine der höchsten weltweit ist und soziale Mobilität stagniert.
- In Befragungen beklagen die Deutschen die Zunahme von Ungleichheit, die Rolle von Geld sowie eine Ellenbogenmentalität, Unzufriedenheit und psychische Erkrankungen im Berufsleben nehmen zu.

Der Handlungsdruck wächst, weil die Klimakipppunkte schneller herannahen, als von der Wissenschaft vorhergesagt: Das Auftauen der sibirischen Permafrostböden kommt fünfzig Jahre zu früh, Brände geraten weltweit außer Kontrolle. Zugleich werden Gesellschaften instabiler, wie der Sturm von Trump-Anhängern auf das US-Kapitol oder von »Querdenkern« auf den Berliner Reichstag belegen.

Wie ernst die Lage ist, fasst die »Weltuntergangsuhr« des »Bulletin of the Atomic Scientists« anschaulich zusammen: Diese misst seit 1947 anhand verschiedener Kriterien die Wahrscheinlichkeit menschlicher Selbstzerstörung. Aus drei Gründen steht sie aktuell auf einhundert Sekunden vor Mitternacht: Unsicherheiten aufgrund neuer Waffentechnologien und bröselnder Kontrollregime, fortschreitender Klimawandel und sinkendes Vertrauen in eine wissenschaftsgeleitete Politik. Zum Vergleich: Während der Kubakrise, angesichts der Gefahr eines nuklearen Schlagabtauschs, stand die Uhr auf sieben Minuten vor Mitternacht.

Und weil wir so lange getrödelt haben, müssen jetzt gigantische Anstrengungen unternommen werden, um die Klimaziele noch einhalten zu können. Graeme Maxton, der ehemalige Generalsekretär des Club of Rome, rechnet vor: »Es bedarf einer Kürzung des Treibhausgasausstoßes um mindestens sieben Prozent pro Jahr. Zwanzig Prozent weniger Autos innerhalb von drei Jahren, zwanzig Prozent weniger Flugzeuge, zwanzig Prozent weniger Kohlekraftwerke, zwanzig Prozent weniger Schiffe« (Maxton & Maxton-Lee, 2020). Das scheint unmöglich und lässt viele mutlos oder krank werden: »Eco Anxiety« – Klimawandel-

Angst – ist inzwischen ein in den USA anerkanntes Krankheitsbild, weltweit rechnet man mit 1 Milliarde davon betroffenen Menschen. Dennoch: Jedes Problem kann gelöst werden – wenn wir an der richtigen Stelle ansetzen.

5.3 Zwischenbilanz

Deshalb muss die erste und wichtigste Frage sein: Warum und wie ist es überhaupt so weit gekommen? Woran liegt es, dass wir uns sehenden Auges in Sackgassen verrannten, aus denen es keinen Ausweg zu geben scheint?

Weil es verführerisch ist, aber schlicht nicht stimmt, dass kurzfristiges individuelles Interesse, etwa an einer billigen Flugreise, automatisch mittel- und langfristig das Gemeinwohl aller mehrt. Weil der »normative Kompass« verschoben wurde und vieles in Vergessenheit geraten, belächelt, verspottet, verdrängt oder unterdrückt wurde, was jahrhundertelang als tugendhaft oder sozial wertvoll selbstverständliches Gemeingut war. In einer fragmentierten und zunehmend individualisierten Gesellschaft wird eben vieles gemacht, weil es machbar ist, weil man selbst es machen kann und weil man es machen möchte, bevor es jemand anderes macht und man deswegen seinen Vorteil verliert.

Am Ende der bisherigen Geschichte, so der Historiker Harari, sind Menschen »Selfmade-Götter« mit nie dagewesenen Handlungsmöglichkeiten. Aber weil wir orientierungslos sind, richten »wir unter unseren Mitlebewesen und der Umwelt Chaos und Vernichtung an, interessieren uns nur für unsere eigenen Annehmlichkeiten und unsere Unterhaltung und finden doch nie Zufriedenheit. Gibt es etwas Gefährlicheres als unzufriedene und unverantwortliche Götter, die nicht wissen, was sie wollen?« (2018, S. 413; 416).

Ähnlich sehen es Umweltwissenschaftler ...

> Früher dachte ich, dass die größten Umweltprobleme der Verlust der Artenvielfalt ... und der Klimawandel wären. Ich dachte, dreißig Jahre gute Wissenschaft könnte diese Probleme angehen. Ich habe mich geirrt. Die größten Umweltprobleme sind Egoismus, Gier und Gleichgültigkeit, und um mit ihnen fertig zu werden, brauchen wir einen kulturellen und spirituellen Wandel. Und wir Wissenschaftler wissen nicht, wie man das macht. (Speth, 2013, eigene Übersetzung)

... Klimawissenschaftler ...

> Eine grundlegende Transformation (ist) erforderlich, basierend auf einer fundamentalen Reorientierung menschlicher Werte, Gleichheit, Verhalten, Institutionen, Wirtschaft und Technologie. (Steffen, Rockström, & al., 2018, eigene Übersetzung)

... Experten für Künstliche Intelligenz ...

> Drängende Herausforderungen im Governance-Bereich hängen an den Fragen, was wir wollen und was wir wollen sollten. Die Antworten darauf verlangen, dass wir uns und unsere Werte viel besser kennen als heute. (Dafoe, 2018, S. 10, eigene Übersetzung)

... und strategische Think-Tanks:

> In Europa haben die Armen natürlich weniger als die Reichen, aber das bedeutet ja nicht, dass sie nichts haben. Das Problem hier ist im Wesentlichen aber ein philosophisches: Das Gefühl für (wirtschaftlichen) Fortschritt ist für Menschen wichtiger als der Sinn für Wohlergehen. (...) Deshalb sollten Politikmacher einen Schritt zurücktreten und die Frage nach Wohlergehen jenseits wirtschaftlicher Entwicklung ansprechen. Dies würde zu dem Wandel führen, der nötig ist für einen alternativen Zukunftsentwurf jenseits der Wirtschaftsmodelle, die auf hohem Wachstum und hohem Konsum beruhen und die dem Klimawandel zum Opfer fallen dürften. (ESPAS, 2019, S. 15, eigene Übersetzung)

Wenn wir also die laufenden Entwicklungen abbremsen und irgendwann umsteuern wollen, müssen wir uns zunächst vergewissern, welche Werte uns wirklich wichtig sind. Dann müssen wir schauen, ob das Wertefundament noch stimmt, das unserer Organisation von Wirtschaft und Gesellschaft zugrunde liegt. Wenn nicht, gilt es hier anzusetzen, bevor wir darauf eine bessere Welt aufbauen.

6 Hintergrund Urteilen: Grundlegung einer neuen Erzählung

> *Zugleich sehen wir, dass es stets Menschen gab, die das nicht mitmachten. Heldinnen und Helden, die trotz Spott und Hohn vorlebten: »Geld allein macht nicht glücklich. Die wichtigsten Dinge kann man nicht kaufen.« Es sind Menschen, die auch andere, lang verdeckte Wahrheiten am Leben hielten: Der Mensch ist ein spirituell-soziales Wesen, auf Kooperation angelegt, nicht auf Konkurrenz. Der Mensch ist Teil der Natur, nicht der Herrscher über sie.*
>
> *Ihr Beispiel steckt uns an: Wir folgen ihnen und entdecken Schätze der Freude und Kraft, von denen wir nicht wussten, dass sie in uns schlummerten. Wir erkennen, wie blind wir waren.*

6.1 Befreiung 1: Das Denken dekolonisieren

In meinem Buch »Handelt!« sprach ich von der Notwendigkeit einer neuen Aufklärung, also, frei nach Kant, der Befreiung des Menschen aus seiner selbstverschuldeten Unmündigkeit. Aber: Das klingt nach anstrengender und langweiliger Kopfarbeit. Heute spreche ich lieber von der Notwendigkeit einer Befreiung, denn zunehmend erkenne ich, welch beachtlicher Zugewinn an Freiheit, Selbstbestimmung und Lebensqualität hier möglich ist.

»Probleme kann man niemals mit derselben Denkweise lösen, durch die sie entstanden sind«, meinte schon Albert Einstein, weshalb der Philosoph und Ökonom Serge Latouche vorschlägt, dass wir zu aller Anfang »das Denken dekolonisieren« müssen (2015). Wir müssen uns ins Gedächtnis rufen, dass das oben beschriebene System keinesfalls Naturgesetz oder alternativlos ist. Es hat eine Zeit davor gegeben und es wird deshalb selbstverständlich eine Zeit danach geben.

Das gilt im Großen wie im Kleinen: Im Großen können wir uns aus einem reichen Fundus nicht-neoliberaler ökonomischer Theorien bedienen. Der Wikipedia-Eintrag »Fields of heterodox economic thought« listet nahezu vierzig auf – jede einzelne kann eine Alternative zum aktuell geltenden Dogma sein. Und im Kleinen? Das ist freilich entscheidend, denn davon hängt ab, nach welchen Kriterien wir aus vorgenanntem Fundus auswählen und/oder kombinieren. Das wiederum hängt davon ab, ob wir der »kulturellen Kolonisation« (Fratelli Tutti Nr. 13f) entkommen können, also den Routinen, Werten und Normen, die in den letzten Jahrzehnten bewusst oder unbewusst unser Leben dominierten.

6.2 Befreiung 2: Wertfundamente neu entdecken

Glücklicherweise müssen wir hier nicht bei null beginnen, denn trotz aller Bemühungen und Künste wurde das Wissen um Alternativen weder zerstört noch verdrängt. Es war zu allen Zeiten bei »Exoten«, »Aussteigern« und »armen Verrückten« lebendig vorhanden. Aber auch tief in uns selbst: Bei einem Blick in repräsentative Meinungsumfragen oder bei Recherchen in den Sozialen Medien zur Frage, was den Deutschen wichtig ist, antworten diese: Gesundheit, Familie, Freundschaft, Freizeit, intakte Umwelt, Sicherheit, Freude am Lernen und vieles andere, das nicht über individuellen Konsum, sondern in gemeinschaftlichem Miteinander organisiert wird. Oder Werte, die den klassischen Tugenden entsprechen, wie Klugheit, Gerechtigkeit, Tapferkeit und das rechte Maß.

Bei alldem ist Geld natürlich nicht unwichtig. Aber es gibt ausreichend Belege für die grundlegende Einsicht, dass der Anstieg von Geld und Glück nur so lange korreliert, als Geld hilft, Grundbedürfnisse wie Essen, Kleidung, Wohnung, Gesundheitsfürsorge, Bildung usw. zu decken. Ist dies erfolgt, bedeutet mehr Geld nicht mehr unbedingt mehr Glück – oft sogar eher das Gegenteil, denn für viele, die im Hamsterrad anspruchsvoller Berufe rennen, wird Geldverdienen sogar zunehmend eine Last, weil man keine Zeit mehr hat, das Geld auszugeben oder weil man sich ständig mit anderen vergleicht, die immer noch mehr besitzen.

Aber warum leben wir nicht alle entlang dieser Einsichten? Warum pfeifen wir nicht auf die Jagd nach höherem Einkommen und mehr Konsum, wenn es uns doch von dem ablenkt bzw. wenn es gar zerstört, was uns wirklich wichtig ist? Warum lassen wir uns immer noch »überreden, Geld, das wir nicht haben, für Dinge auszugeben, die wir nicht brauchen, um Leute zu beeindrucken, die uns egal sind« (Tim Jackson)? Die Antwort hierauf ist der Dreh- und Angelpunkt einer jeden Befreiung hin zu mehr persönlicher Selbstbestimmung, Freiheit und Lebensqualität. Dabei geht es nicht um eine Form von Beliebigkeit oder Egoismus oder um das Ignorieren der komplementären Verantwortung gegenüber den Bedingungen für jegliche Entwicklung von Freiheit, etwa Bildung und Gesundheit. Genau deshalb muss jede und jeder zuerst diese Fragen beantworten, bevor wir über irgendetwas anderes reden. Denn erst, wenn der Wandel des Einzelnen beginnt, wird er sich Schritt für Schritt ins Systemische übertragen und dieses irgendwann prägen.

Immer mehr Menschen erkennen, dass es sich beim Umgang mit den heutigen Herausforderungen im Kern um eine moralische Revolution handelt. Auch in der Vergangenheit standen oft unterschiedliche bzw. unterschiedlich gewichtete moralische Werte am Ausgang umwälzender Veränderungen, etwa bei der Abschaffung der Sklaverei, dem Wahlrecht für Frauen, der Ächtung von Kinderarbeit oder dem Verbot von

Anti-Personenminen. Deshalb fordern renommierte Klima- und Umweltwissenschaftler heute beispielsweise die moralische Ächtung jeglicher weiterer Verwendung von fossilen Brennstoffen und argumentieren, dies sei ein entscheidender Schritt auf dem Weg zum Ende des fossilen Zeitalters.

Das Ganze hat allerdings eine wichtige Konsequenz: Diese Sehnsucht nach einem »guten Leben«, nach einer Welt, in der Grundbedürfnisse abgedeckt sind und in der es Wünsche nach vielem gibt, das mit Geld allein eben nicht zu kaufen ist, teilen Deutsche mit allen Menschen weltweit. Dies belegt etwa der »World Happiness Report«. Deshalb ist für eine nachhaltige Lösung unserer gemeinsamen Menschheitsprobleme entscheidend, dass wir alle gemeinsam Lösungen finden, die für alle gemeinsam fair, gerecht und fortschrittlich sind. Daher ist der Klimawandel vielleicht unser größtes Problem, aber »es ist schwer möglich, sich irgendeine Lösung für andere große Probleme wie Einwanderung oder Klimawandel vorzustellen, wenn wir nicht sowohl Ungleichheit reduzieren und einen gerechten Standard etablieren können, der für die Mehrheit der Menschen dieser Welt akzeptabel ist« (Piketty, 2020, S. 20).

Zugleich geht es um das Niederreißen von Grenzen innerhalb jeglicher Gesellschaft. Dem entspricht der Aufschwung, den heutzutage Bewegungen zur Bekämpfung jeglicher Form von Rassismus und Diskriminierung haben. Freilich: Sprachsensibilität hinsichtlich »Diversity« ist nur ein Teil der Befreiung von Herrschaft, es bedarf auch entsprechender Veränderungen sozialer und politischer Strukturen.

Erneut bedeutet das, zuerst einige Schritte zurückzugehen, um die Sackgasse verlassen zu können, in der wir gerade feststecken. Wenn, wie in 5.1 dargelegt, die Sackgasse der gegenwärtigen wirtschaftlichen und gesellschaftlichen Ordnung in ihrem Fundament, dem Homo Oeconomicus, begründet ist, dann ist eine sozial gerechte und ökologisch nachhaltige Transformation nur erreichbar, wenn dieser zuerst durch ein Menschenbild ersetzt wird, das intuitiver Erfahrung, jahrhundertealter tradierter Weisheit, ethischer Einsicht sowie empirischen Forschungserkenntnissen eher entspricht. Dann, auf diesem Fundament, ist ein Aufbruch in die richtige Richtung möglich.

6.3 Grundlagen einer gesellschaftlichen Transformation

Forschung verdichtet zunehmend eine Erkenntnis, die nie ganz verdrängt wurde: Nicht Konkurrenz, Wettbewerb und Dominanz des Stärkeren sicherten den evolutionären Vorteil des Menschen gegenüber allen anderen Gattungen, die schneller, stärker oder besser organisiert waren, sondern seine Fähigkeit zu Empathie, Solidarität und Kooperation. Und: Bis heute blühen jene Gesellschaften am meisten und sind jene Gesellschaften am stabilsten in Krisen, deren gesellschaftliches Leitziel nicht nur verbal, sondern tatsächlich das Gemeinwohl aller ist, beginnend bei den Schwächsten.

Der Homo Cooperativus ist also das Menschenbild, auf dem jene Gesellschaft gründen kann, die sich die Mehrheit der Deutschen in Umfragen für die Zukunft wünscht, wenngleich viele daran zweifeln, dass sich dies nach Corona realisieren lässt. Natürlich wird es eine Weile dauern, bis sich herauskristallisiert, was genau die Corona-Zwangspause bewirkt hat (siehe unter 8.1).

Aber es gibt Anlass zur Hoffnung, dass sich mittel- bis längerfristig jene Trends und Tendenzen fortsetzen, die bereits vor Corona feststellbar waren (Prognos & Z_Punkt, 2020b). Dann wird eine Gesellschaft entstehen, in der andere Berufe »systemrelevant« sind als im Neoliberalismus: nicht mehr Investmentbanker und Hedgefonds-Manager, sondern Lehrer, Sozialarbeiter, Pfleger und Ärzte, die für ein solches sozial-kooperatives Gesellschaftsmodell stehen. Es wird eine neue Wertschätzung des Staates mit seinem öffentlichen Dienst und seinen Dienstleistungen geben und eine Gesellschaft mit einem neuen Blick auf unbezahlt geleistete und zugleich unbezahlbar wichtige Arbeit: Erziehungsarbeit von Eltern (Homeschooling!), Nachbarschaftshilfe oder Ehrenamt. Kurz: Der solidarische Kitt unserer Gesellschaft, den wir gerne übersehen, weil er kostenlos und so selbstverständlich ist, wird von höherer Bedeutung sein.

Als Jesuit glaube ich allerdings, dass es noch einer weiteren Wiederentdeckung bedarf: Der spirituellen Grundnatur und Ausrichtung des Menschen, seiner Sehnsucht und seines Bedürfnisses nach Absolutem und Unendlichem. Das kann theologisch als »transzendentale Finalisierung« (etwa »Ausrichtung auf Jenseitiges«) bezeichnet werden oder in Goethes Faust erkannt werden, dessen Unzufriedenheit mit nichts auf der Welt aufgelöst werden kann. Findet diese Sehnsucht keine spirituelle Erfüllung, kann sie Grundlage für Verirrungen wie abgründige Gier und Bosheit sein; oder für grenzenlosen Materialismus, der Glück durch Besitz verspricht; oder für unendliche Verzweiflung und Erkrankung: Wenn Menschen etwa glauben, dass die Rettung von Klima und Umwelt ausschließlich von ihren eigenen, kleinen Kräften abhängt, sind sie tatsächlich in der Gefahr, an Eco Anxiety zu leiden.

Umgekehrt verlieren jene, denen eine solch transzendente Ausrichtung und Verankerung ihres Tuns gelingt, selten die Hoffnung auf ein Happy End und sie lassen sich von Tief- und Rückschlägen nicht entmutigen (siehe 9).

6.4 Orte für den Neubeginn

Wo können wir den jahrzehntelangen Engführungen am schnellsten entkommen? Wo können wir entdecken, dass die überwältigende Mehrheit in unserem

Land dieselben Hoffnungen und Wünsche bezüglich einer lebenswerten Zukunft hat und ebenso bereit ist, sich dafür einzusetzen? Dort, wo alle Dimensionen von Wissen und Gewissheit – intellektuell, emotional, psychisch, sozial – herausgefordert werden. Also an Orten der Begegnung mit Menschen aus anderen Berufen, sozialen Schichten und mit anderen Bildungskarrieren. Denn jeder Mensch hat Wissen, von dem zu lernen wert ist, und Weisheit, die nicht über Bildung und Karriere, sondern nur in der Schule des Lebens erworben werden kann. Dazu gehören auch Begegnungsmöglichkeiten mit Menschen anderer Kulturen.

Es ist merkwürdig, dass viele Urlauber von der Zufriedenheit und Lebensfreude der Menschen in anderen Ländern schwärmen, dies aber letztlich nicht als Herausforderung an ihre eigene, tiefsitzende Unzufriedenheit verstehen. Nun: Eine solche Begegnung ist heutzutage leicht möglich. Da in der globalen Welt auch Deutschland zunehmend zu einer Einwanderungsgesellschaft wird, bedarf es keiner Reise in ferne Länder mehr, um »zu sich selbst zu finden«, sondern schlicht der Offenheit gegenüber unseren Mitbürgern und Mitmenschen im Stadtviertel, auf der Straße, am Arbeitsplatz oder in Vereinen. So werden wir von Nachbarn, zu denen die Globalisierung uns unumkehrbar machte, zu Geschwistern – zentrale Punkte der jüngsten Schreiben von Papst Franziskus, »Fratelli Tutti« und »Wage zu träumen«.

Diese Wende hin zu einem empirisch realistischeren und reicheren Menschenbild entthront sodann die Mathematik als Königsdisziplin für Analyse und Prognosen. Wie in der Katholischen Soziallehre von Anfang an grundlegend, gewinnen empirische Human- und Sozialwissenschaften an Bedeutung, die die Betrachtung der Menschen in ihrer individuell-personalen Einmaligkeit in Spannung halten mit der Einzigartigkeit sozialer, kultureller und traditioneller Makrokontexte. Diese Wende warnt uns sodann vor einer naiv-vereinfachenden Sicht von Wissenschaft als solcher. Auch hier gilt: »Denk nicht, sondern schau!« Nur wenn man die Wirklichkeit in all ihrer Komplexität angemessen analysiert, kann man für Probleme solche Lösungen finden, die auch angemessen funktionieren. Dazu gehört, dass man sich an sozialen und ökologischen Realitäten und Zusammenhängen orientiert und nicht mehr einzelne Faktoren aus der Gesamtbetrachtung externalisiert und ausklammert.

Diese Phase der Umorientierung ermutigt leider auch viele Verschwörungstheoretiker in der Hoffnung auf Paradigmenwechsel in ihrem Sinn. Deshalb lohnt ein Blick auf den Ursprung dieses Begriffs. Thomas Kuhn illustrierte eine sprunghafte Verschiebung von Erklärungskraft anhand der Weltbilder von Ptolemaios und Kopernikus: Letzterem gelang es mit seiner Theorie, nach der die Erde sich um die Sonne dreht, mehr Phänomene und Fakten zu erklären, als bislang unter Bezug auf die Annahme möglich war, dass die Erde

Mittelpunkt des Universums ist. Und so ersetzte das heliozentrische das geozentrische Weltbild.

Klimawandelleugner sehen uns in einer vergleichbaren Situation. Der beim Klimawandel herrschende wissenschaftliche Konsens bezüglich des menschlichen Einflusses wird unter Verweis auf die Interessen jener, die ihn vertreten, angegriffen. Stattdessen wird betont, dass die eigenen, aktuell noch isolierten, aber aus ihrer Sicht zutreffenderen Außenseiterpositionen sich irgendwann zusammenfügen und zum Mainstream werden können. Diese Sicht übersieht die Konstanten, die selbst wissenschaftlichen Revolutionen zugrunde liegen: tief verwurzelte, übereinstimmend geteilte Regeln von Logik, Experiment, Verifikation, Vorhersage und anderen Bestandteilen von Wissenschaft. Diese Regeln helfen uns bei der Prüfung, Verständigung und Entscheidung, welcher Ansatz mehr Erklärungs- und Vorhersagekraft bietet für die Welt, in der wir leben. Natürlich entwickelt sich Wissenschaft weiter und tatsächlich kann es auch künftig zu Paradigmenwechseln kommen. Aber im Moment gibt es unter jenen Wissenschaftlern, die alle überkommenen Regeln eines vernünftigen Diskurses beachten und sich in der Anwendung auch gegenseitig kontrollieren, schlicht keinen Zweifel am menschlichen Beitrag zu Erderwärmung und Artensterben. Wahrheiten von Populisten sind isolierte und zusammenhanglose Meinungen, die kaum anschlussfähig sind an den laufenden Diskurs und den etablierten

Konsens. Diese Zusammenhanglosigkeit wiederum wird durch Aggressivität ausgeglichen, die nüchterne und geduldige Prüfung und Dialog verhindert.

Wie können wir Aggression auffangen und beseitigen? Zum Beispiel dadurch, indem wir Ausgangs- und Ansatzpunkte für Analyse und Verbesserung finden, die sogar von Skeptikern geteilt werden können, also zum Beispiel Gemeinwohl oder Leidverminderung.

6.5 Ziel: Gemeinwohl. Start: Leidverminderung

Der Neoliberalismus versucht über die Addierung individualistischer und interessengeleiteter Nutzenmaximierung gewissermaßen von unten nach oben eine Orientierung für den Weg nach vorn aufzubauen. Ein Ganzes, ein Leitbild ist aber stets mehr als die Summe von Einzelinteressen. Es hat Qualitäten, die über die Summierung seiner Einzelteile hinausgehen bzw. auf diese selbst prägend einwirken. Deshalb möchte ich an dieser Stelle als alternativer Leitwert einer neuen Ordnung das Gemeinwohl aller vorschlagen. Was aber ist das?

Ähnlich wie der Neoliberalismusbegriff schaut der Gemeinwohlbegriff auf eine lange Geschichte zurück und hat viele Deutungen und Definitionen erfahren. Die klassisch-katholische Definition steht im Dekret »Gaudium et Spes« des Zweiten Vatikanischen Konzils: Gemeinwohl ist

> die Gesamtheit jener Bedingungen des gesellschaftlichen Lebens, die sowohl den Gruppen als auch deren einzelnen Gliedern ein volleres und leichteres Erreichen der eigenen Vollendung ermöglichen, heute mehr und mehr einen weltweiten Umfang annimmt und deshalb auch Rechte und Pflichten in sich begreift, die die ganze Menschheit betreffen. (Nr. 26)

Die Antwort auf die Frage, was das Gemeinwohl aller konkret beinhaltet, muss global angestrebt werden. Und zwar aus drei Gründen: Zunächst, weil die Prozesse, die unsere globale »Risikogesellschaft« (U. Beck) in Gang gesetzt hat, grenzübergreifende Auswirkungen entfalten. Die Verteidigung des bestehenden Status Quo, vor allem des Wohlstands reicher Staaten und sozialer Gruppen, wird – zweitens – unverhältnismäßige Wohlstandseinbußen für alle nach sich ziehen. Die dritte und wichtigste Rechtfertigung wurde bereits angesprochen: Die unverhandelbare Tatsache, dass alle Menschen gleiche Würde und gleiche Rechte haben. Wird dem in der Politik nicht Rechnung getragen, werden Menschen mit den ihnen möglichen Mitteln dagegen rebellieren, auch mit Migration oder im Extremfall mit Terrorismus. Weil die durch Globalisierung geschaffene Globalität, also der Ist-Stand grenzübergreifender Vernetzung, Infrastruktur und Technik, nicht mehr rückgängig gemacht werden kann, können wir anderen Menschen nicht mehr vorschreiben, wie sie die so vorhandenen Möglichkeiten zum eigenen Wohl oder zum Wohl ihrer Familie nutzen. Sie werden es einfach tun.

Um das zu vermeiden, bleibt nur der Weg nach vorn. Die Suche nach einem Gemeinwohl aller bedeutet die Einbeziehung aller in die transparent-nachvollziehbare Suche nach der schnellstmöglichen Verwirklichung des Bestmöglichen für alle. Und: »Alle« meint »alle«. Alle Menschen weltweit. Und auch nicht »für alle«, sondern »mit allen« auf Augenhöhe, ab sofort! Alle haben Anteil an den globalen Problemen, deshalb sind alle gemeinsam der Schlüssel für deren Lösung. Dies zu akzeptieren wird viele herausfordern, manche gar überfordern. Aber ich bin davon überzeugt, dass dies der gerechteste, beste, schnellste und nachhaltigste Weg ist, um aus den gegenwärtigen Krisen herauszufinden.

Hat man sich auf diesen Rahmen und diese Vorgehensweise geeinigt, kann man zu dem weitergehen, was das Gemeinwohl aller inhaltlich füllt und präzisiert.

Wiederum ähnlich wie beim Neoliberalismus ist das, was unter Gemeinwohl konkret verstanden wird, je nach Personengruppe, Kontext und Situation verschieden. Aber: Zum Gemeinwohlverständnis der katholischen Kirche gehört beispielsweise als Minimalbedingung die Befriedigung der Grundbedürfnisse aller Menschen. Der oben zitierte Text aus »Gaudium et Spes« geht entsprechend weiter:

> Jede Gruppe muß den Bedürfnissen und berechtigten Ansprüchen anderer Gruppen, ja dem Gemeinwohl der ganzen Menschheitsfamilie Rechnung tragen. (...) Es muß also alles dem Menschen zugänglich gemacht werden, was er für ein wirklich menschliches Leben braucht, wie Nahrung, Kleidung und Wohnung, sodann das Recht auf eine freie Wahl des Lebensstandes und auf Familiengründung, auf Erziehung, Arbeit, guten Ruf, Ehre und auf geziemende Information; ferner das Recht zum Handeln nach der rechten Norm seines Gewissens, das Recht auf Schutz seiner privaten Sphäre und auf die rechte Freiheit auch in religiösen Dingen. (Nr. 26)

Akzeptiert man dies, ergeben sich daraus Pflichten, etwa jene Institutionen zu fördern und zu stützen, die sich diesen Zielen verpflichtet sehen, oder Steuern zu zahlen und Regeln für das gemeinschaftliche Zusammenleben zu achten (Nr. 30). Man stelle sich vor: eine akzeptable Befriedigung der Grundbedürfnisse für alle Menschen! »Was du willst, dass dir die Menschen tun, das tue auch ihnen!«, sagt Jesus in der Bergpredigt.

Dies ist immer noch so groß, dass sich viele zurecht fragen: »Wir können doch nicht sofort alle Grundbedürfnisse für alle erfüllen. Was ist der erste Schritt hin zu einer gerechten und nachhaltigen Gesellschaft?« Diese Frage kann nicht abstrakt beantwortet werden, denn angesichts des Pluralismus weltweit wäre es unverantwortlich zeitaufwändig, sich zunächst einmal begrifflich darauf zu einigen, was »gerecht« und »nachhaltig« eigentlich bedeuten. Denn: Jeder versteht unter »Gerechtigkeit« und »Nachhaltigkeit« etwas anderes. Beginnen wir hier, verzetteln wir uns in der Definition idealer Ziele und kommen in der Realität nicht voran. Zudem ist der Weg zur Hölle mit guten Absichten gepflastert: Auch Faschismus und Kommunismus versprachen die »gerechte Gesellschaft«.

Viel schneller, besser und einfacher ist es, bei Not, Leid und Schädlichem anzusetzen und sich auf Wege zu einigen, diese Missstände abzumildern oder zu beseitigen. Also: Wo herrscht der größte Hunger? Es ist ja genug da, nur bei der Verteilung hapert es. Welches sind die gravierendsten Krankheiten? Und wo bedarf es am dringendsten Bildung oder bezahlbaren und würdigen Wohnraums?

Ein solch kleinteiliger und schrittweiser Umbau unserer Gesellschaft orientiert sich an konkreten Problemen und Bedürfnissen. Hier können sogar Populisten eingebunden werden, etwa jene, die beispielsweise den menschlichen Beitrag zum Klimawandel bestreiten, angesichts des Klimawandels selbst aber bereit sind, über Anpassungsmaßnahmen zu reden. Oder wir nehmen sie beim Wort, wenn sie hinsichtlich Migranten fordern: »Die sollen doch alle zu Hause bleiben und sich für den Aufbau ihres Landes einsetzen!« Gut, wäre die Antwort darauf, gefolgt von der Gegenfrage: Was ist unser Beitrag, damit ihnen dieser Aufbau gelingt? Eine solche »Sozialtechnik« (K. Popper) ermöglicht zudem zu experimentieren, schnell aus Fehlern zu lernen und diese zu korrigieren.

Dieses Vorgehen scheint mir nicht nur wichtiger, sondern hinsichtlich eines Gemeinwohls aller auch vielversprechender zu sein, als zunächst einmal am grünen Tisch ein alle Weltanschauungen und Religionen umfassendes »Weltethos« zu konstruieren. Was Leid und Unrecht ist, spürt und erkennt jeder, der einen Rest Empathie besitzt, und im Einsatz für solche konkreten Verbesserungen von Lebensbedingungen habe ich die besten Erfahrungen in der praktischen Zusammenarbeit sowohl mit Gläubigen als auch Autonomen oder Anarchisten gemacht.

6.6 Instrumente und Mechanismen zur Entscheidungsfindung

Für diese Schritte braucht es transparente Mechanismen, die viele Menschen einbinden und mit deren Hilfe Entscheidungen gefunden werden können, die dann auch von möglichst vielen mitgetragen werden. Dies wird durch eine moderierende Politik möglich, »die einem neuen ganzheitlichen Ansatz zum Durchbruch verhilft, indem sie verschiedene Aspekte der Krise in einen interdisziplinären Dialog aufnimmt« (Fratelli Tutti, Nr. 169).

Dabei gilt es, Demokratie gegenüber autoritären Versuchungen zu verteidigen. Ein Blick in die Geschichte belegt, dass Gesellschaften, die Menschen einbeziehen, wohlhabender und stabiler sind, als autoritär regierte. Genau deshalb ist es aber auch notwendig, tatsächlich alle einzubeziehen, die in einem Gebiet wohnen bzw. von den Auswirkungen jeglicher Entscheidungen faktisch betroffen sind, egal, ob Staatsbürger oder nicht!

Wie Piketty (2020) und Wagenknecht (2021) anhand von Einstellungen zu Globalisierung, Zuwanderung und Ungleichheit zeigen, hat sich die Gesellschaft in einer Weise verändert, die von traditioneller Parteienlandschaft und Partizipationsoptionen nicht mehr abgedeckt wird. Demokratische Mitgestaltungsprozesse müssen daher dringend ergänzt, modernisiert und reformiert werden, etwa, indem das bisherige System des »One (wo)man, one vote« ersetzt wird durch die Zuteilung von Stimmkontingenten, die auf die Angebote der Parteien gewichtend verteilt werden können. Oder sie müssen um Elemente direkter Demokratie ergänzt werden, etwa durch Los zusammengestellte Bürgerversammlungen, Volksbegehren und Volksentscheide.

Dabei ist wichtig, dass Menschen auch wirklich etwas zu sagen haben. Einfach nur Empfehlungen zu entwickeln und deren Umsetzung dann den »gewählten Profis« zu übertragen, ist nicht mehr attraktiv. Bei allem ist auf Bildung und Information zu achten, um populistischer Vereinnahmung und Manipulation zu begegnen, die etwa der Minarettinitiative in der Schweiz oder dem Brexit zum Erfolg verhalfen.

Dabei kann man von erfolgreichen Experimenten weltweit lernen, etwa dem digitalen Portal »Join« in Taiwan, dem es gelingt, die Hälfte der taiwanesischen Bevölkerung aktiv in die Gestaltung von Politikprozessen einzubinden. Oder »participatory budgeting«, bei dem Bürgerversammlungen über die Verteilung von Steuergeldern bestimmen. Oder das in Colorado durchgeführte Experiment »Abstimmung hoch vier« (Quadratic Voting), welches Minderheiten ein stärkeres Mitbestimmungsrecht sichert.

Wichtig ist die Frage, wie in Entscheidungsfindungsprozessen sowohl jene zu Wort kommen können, die rhetorisch nicht geschult sind, als auch Emotionen ihren Platz finden, die Teilnehmende sich auszusprechen scheuen oder schämen. Letzteres ist wichtig, um das in den Blick zu bekommen, was maßgeblich hinter den Positionen und Äußerungen von Populisten liegt. Ein Weg hierzu ist die von Papst Franziskus empfohlene »Unterscheidung der Geister«. Diese ist sehr wirksam, leider aber zeitaufwändig und sie erfordert einiges an Übung.

Leichter umsetzbar sind Methoden aus Soziokratie und Holokratie, die jede Diskussion mit einem Austausch über die eigene Befindlichkeit beginnen und deren Kunst darin besteht, geäußerte Widerstände so weit in Entscheidungen zu integrieren, bis irgendwann alle sagen können: »Gut genug für jetzt, sicher genug, es auszuprobieren.« Oder zumindest: »Ich möchte dagegen kein Veto mehr einlegen.«

Wieder eine andere Methode sind Vorstellungsübungen wie die von John Rawls inspirierte. Er schlägt vor,

> sich gedanklich in einen »Schleier des Nichtwissens« zu begeben. Dort angekommen, weiß (man) nichts darüber, in welche Situation man hineingeboren wird. Mit welcher Hautfarbe man zur Welt kommt, mit welchem Geschlecht, in welchem Land, in welche Familie, und – wie ich jetzt noch ergänzen wollen würde – man hat keinen Schimmer davon, in welche Generation man geboren wird. Man könnte das Kind von Bill Gates sein, aber auch das eines Reisbauern aus Bangladesch. (...) Wie würden Sie die Welt einrichten wollen, wenn Sie nicht wissen, welche Position Sie in ihr einnehmen werden? In dem Moment, in dem Sie so an die Sache herangehen, nehmen Sie eine systemische Perspektive ein. (Göpel, 2020)

Das klingt alles nach Zeitverschwendung – ist es aber nicht. Egal welchem Ansatz Sie folgen: Sachfragen werden anschließend ganz anders diskutiert, und es sind tatsächlich viel bessere Ergebnisse möglich.

Abschließend noch ein Wort zu der Frage, ob und inwieweit die heutige Lage zivilen Ungehorsam und Widerstand rechtfertigt, um Schädliches zu verhindern und Notwendiges zu beschleunigen. Keine moralische Revolution, und darum geht es schließlich, kam ohne solche Akte voran. Hier Kriterien zu entwickeln, ist schwierig, denn dieses Recht wird von den FridaysForFuture ebenso eingefordert wie von

Populisten und Querdenkern. Schwierig, aber eben nicht unmöglich: Fridays geht es etwa um die Rettung globaler Gemeingüter, Populisten und Querdenkern um die Verteidigung nationaler Egoismen.

6.7 Zwischenbilanz

Wenn man Vorstehendes betrachtet und abwägt: Brauchen wir wirklich einen Systemwechsel oder reicht nicht doch eine gründliche Reform des Bestehenden? Auch hier sind endlose Diskussionen und theoretische Verzettelungen möglich. Oswald von Nell-Breuning, einst Deutschlands anerkanntester Vertreter der Katholischen Soziallehre, meinte in seiner nüchternen Art, dass es zunächst wichtig ist, offensichtliche Missstände zu beseitigen (vgl. 6.5!). Ob das, was wir dann haben werden,

> noch verdient »Kapitalismus« ... genannt zu werden, ist vielleicht schon keine Sachfrage mehr, sondern nur noch eine Frage der Benennung. (...) So mag denn ... die Frage offenbleiben, was alles man noch als »Kapitalismus« etikettieren kann und wo die Grenzen liegen, mit deren Überschreiten man endgültig vom »Kapitalismus« Abschied nimmt. (1986, S. 191f)

Ich jedenfalls glaube, dass das, was wir brauchen, mit dem, was wir aktuell haben, nicht mehr viel gemeinsam haben wird. Die Leitwerte werden andere sein, die Entscheidungs- und Gestaltungsmechanismen, die Ergebnisse. Wenn dem so ist, dann kann es auch so benannt werden. Insofern ist für mich »Systemwechsel« eine Vokabel, die ich für ebenso gerechtfertigt halte wie die Ausrufung des »Klimanotstands« oder »Klimanotfalls«.

Ist ein Systemwechsel möglich? Kann man angesichts der Schilderung der Macht des bestehenden Systems, seiner Treiber und Sachzwänge, hoffen, dass eine Transformation erfolgreich sein wird? Gewiss, denn in der Transformationsforschung versteht man inzwischen die komplexen Wechselwirkungen besser, die zwischen Erzählungen und ihren sinnstiftenden Werten, sowie Innovation in Wirtschaft, Politik, Technik usw. bestehen. Diese können zur Überwindung von Pfadabhängigkeiten und zur Überschreitung gesellschaftlicher Kipppunkte führen, hinter die man, sind sie geschehen, nicht mehr zurück kann!

Wissenschaftler nennen sechs Gesellschaftliche Kippinitiativen, von denen sie überzeugt sind, dass sie zur Beschleunigung einer Transformation gezielt gefördert werden müssen (Otto, Donges, & al., 2020). In 6.2 wurde die erste Kippinitiative präsentiert, nämlich die Forderung nach einer moralischen Ächtung jeglicher weiterer Verwendung fossiler Brennstoffe. Die fünf weiteren sind: Subventionsprogramme, Dezentralisierung von Energieproduktion, CO_2-neutrale Städte, Transparenz hinsichtlich des CO_2-Verbrauchs in der Produktion sowie Umwelt-/Klimabildung und Klimaengagement. Zu alldem später mehr. An dieser Stelle möchte ich festhalten:

- Im Kleinen wie im Großen gilt, dass Wege nach vorn oft zuerst Schritte zurück verlangen. Im Kleinen etwa eine Besinnung darauf, was ein gutes menschliches Leben ausmacht, im Großen darauf, was gute Politik tun muss, um dies zu gewährleisten und zu fördern. Die CDU sollte sich deshalb nochmals das Ahlener Programm durchlesen (Gemeinwohl!), die SPD das Godesberger Programm (Gemeingüter!), die FDP die Freiburger Thesen (Umweltschutz hat Vorrang vor Gewinnstreben!).

- Wir brauchen zwar eine Große Erzählung, eine Vision für die Gesellschaft, die wir wollen, zur Orientierung und Ausrichtung. Für den Weg dahin müssen wir aber weder zuerst einen Gesellschaftsvertrag schließen noch auf einen Masterplan warten. Es reicht, pragmatisch mit vorhandenen Mitteln loszulegen und so Missstände und Leid zu verringern.

Tun wir dies, kommt es zu Synergien, einem »Zusammenwirken von Lebewesen, Stoffen oder Kräften im Sinne von ›sich gegenseitig fördern‹ bzw. einen daraus resultierenden gemeinsamen Nutzen« (Wikipedia) und zu Emergenzen, der »Möglichkeit der Herausbildung von neuen Eigenschaften oder Strukturen eines Systems infolge des Zusammenspiels seiner Elemente« (Wikipedia). Und aus der wechselseitigen Verstärkung von vielen kleinen Verbesserungen wird irgendwann systemisch Gutes entstehen.

7 Hintergrund Handeln: Umsetzung einer neuen Erzählung

> *Deshalb rebellieren wir. Wir sprengen die Ketten der Alternativlosigkeit. Wir weigern uns fortan, gegeneinander ausgespielt zu werden. Wir widersetzen uns Aufforderungen zu mehr Konsum und Wettbewerb. Gemeinsam lösen wir die gemeinsamen Probleme. Jeder trägt seinen Teil zum Kampf für Gerechtigkeit und Nachhaltigkeit bei. Mitbestimmungs-, Eigentums- und Produktionsverhältnisse, Arbeit, Einkommen und vieles andere wird neu gewichtet und geregelt.*
>
> *Wir stürzen das Geld vom Thron und machen es zum Diener aller. Materielles Wachstum verliert seine Bedeutung, inneres Wachstum und Streben nach Glück, Sinn und Wohlergehen gewinnen.*
>
> *Kraftorte wachsen in einem Kampf für eine bessere Welt, der lang und hart sein wird. Aber weil wir durchhalten, wird unserer Erde und allen, die darauf leben, ein glückliches Ende blühen.*

7.1 Befreiung 3: Abwendung. Befreiung 4: Zuwendung

Wir sind also bereit und wollen uns für den Systemwechsel engagieren. Und schon wieder kommen Zweifel: Ist es nicht fürchterlich komplex und kompliziert, sich mit all den vielen wissenschaftlichen und theoretischen Vorschlägen und Argumenten, die es gibt, zu befassen? Wie finde ich mich da als Nichtexperte zurecht? Wo fange ich konkret an?

Mir hat zweierlei geholfen und dabei sehr befreiend gewirkt: Zunächst zu verstehen, dass ich mich um Negativ-Ablenkendes nicht mehr kümmern muss, und zweitens die Erkenntnis, welche Kraft aus der Zuwendung zum Positiv-Motivierenden erwächst.

Sich vom Negativ-Ablenkenden abwenden meint: Sind die eigenen Werte und Prioritäten geklärt und ist deutlich, dass es nicht um Reform, sondern tatsächlich um einen Systemwechsel geht, dann besteht keine Notwendigkeit mehr, sich aktiv mit Argumenten der Verteidigung oder einer unzulänglichen Reform des Bestehenden aufzuhalten. Vieles an Literatur und Propaganda wird dann schon einmal aussortiert. Gleichzeitig schafft das Raum, um mich gezielt mit Weiterführendem zu beschäftigen. Um beides voneinander zu unterscheiden, sind erneut zweierlei Schritte hilfreich: Erstens, indem ich schaue, für wen Autoren arbeiten, welchem Zusammenschluss sie angehören und/oder wer ihre Studien in Auftrag gegeben hat. Zweitens, indem ich Ratschlägen und Empfehlungen von Leuten folge, die ich unvermeidlich treffe, wenn ich mich auf den Weg mache. Und dies bringt mich zur nächsten Befreiung.

Sich Positiv-Motivierendem zuzuwenden: Wichtiger als heldenhaftes Einzelgängertum ist dies: »Kapier endlich, wie viele Menschen es gibt wie dich. (...) Fang an, dich zu organisieren. Wenn wir die Welt verändern wollen, müssen wir unrealistisch, unvernünftig und unmöglich sein. Denk dran: Jene, die für die Abschaffung der Sklaverei oder ... für die gleichgeschlechtliche Ehe eintraten, wurden als verrückt bezeichnet. Bis sie auf der richtigen Seite der Geschichte standen« (Bregman, 2017). Für mich war der Kontakt mit den Fridays- und ScientistsForFuture ein solches Befreiungserlebnis. Hier habe ich verstanden, wie viele tausend Menschen es gibt, die sich schon energisch für eine bessere Welt einsetzen. Und hier habe ich auch verstanden, dass ich nicht selbst zum Experten werden muss, um die Welt zu retten, sondern dass ich in erster Linie dazu beitragen sollte, dass auf die richtigen Experten gehört wird!

Das bedeutet nicht, Andersdenkende auszugrenzen oder ihnen aktiv aus dem Weg zu gehen. Werden aber das eigene Fundament und die eigenen Begründungen konsequent gefestigt, können Verwirrungen und Ablenkungen abgewehrt werden und eine Teilnahme an der Diskussion ist mit einer ganz anderen Gewissheit möglich.

Wenden wir uns also jetzt den Bausteinen für einen sozial gerechteren und ökologisch nachhaltigeren Umbau von Wirtschaft und Gesellschaft zu – wobei das Folgende natürlich nur eine kleine Auswahl ist und der Schwerpunkt auf Deutschland und der Europäischen Union/Europa liegt.

7.2 Ungleichheit und Partizipation

Folgt man Piketty (siehe 6.2), ist die Bekämpfung von Ungleichheit die Bedingung der Möglichkeit für alles Weitere, denn hieran hängt, ob wirklich alle gleiche Mitspracherechte und Mitgestaltungsmöglichkeiten bei der Suche nach und den Umsetzungen von Lösungen für die Menschheitsprobleme haben. Das ist umso wichtiger, weil die Reichen und Mächtigen mit vielem von dem, was kommen muss, nicht einverstanden sein und deshalb Widerstand leisten werden.

Auch hier kann ein Schritt zurück weiter nach vorn helfen. Halliday & Thrasher erinnern daran, dass die Ursprünge des Kapitalismus ein Angehen gegen feudalistische Dominanz waren. Gegen den wiedererstarkenden Feudalismus heute (siehe 5.1) brauchen wir aber keine Revolution mehr. Wir können etwa mit Steuern gegensteuern. Die herrschende Ungleichheit kann daher wie folgt direkt und indirekt verringert werden: Direkt, indem hinsichtlich Einkommen festgelegt wird, dass Eigentümer oder Führungspersonal nicht mehr unbegrenzt mehr verdienen dürfen als ihre Arbeitnehmer. In Betrieben etwa, die der Gemeinwohlökonomie verpflichtet sind, verdienen Menschen in Führungspositionen maximal das Zehnfache des Durchschnittslohns, der Rest fließt an den Betrieb zurück und steht für Investitionen und Innovation zur Verfügung. Oder indem man nach dem Prinzip der Leistungsfähigkeit die Einkommensteuer progressiv stärker anhebt. Derart generierte Steuermehreinnahmen könnten verwendet werden, um Freibeträge für niedrige Einkommen anzuheben. Und natürlich kann Ungleichheit erst recht verringert werden, indem Vermögen stärker besteuert werden – auch in der Substanz. Mein bevorzugter Ansatz ist die Erbschaft- und Schenkungsteuer: Während Einkommen immerhin für die Vergütung einer erbrachten Leistung steht, erhalten bei Erbschaften und Schenkungen Angehörige und Freunde Riesenvermögen, obwohl sie dafür nichts geleistet haben: Es ist unverdientes Einkommen. Würden diese Erbschaften substanziell besteuert, etwa mit dem Einkommensteuersatz der Empfängerpersonen, mindestens aber fünfzig Prozent, könnte dies Grundstock eines Fonds werden, aus dem alle Kinder der Gesellschaft, unabhängig vom sozialen Status ihrer Eltern, am Ende ihrer Berufsausbildung ein Startkapital ausgezahlt bekommen.

Indirekt kann Ungleichheit verringert werden, indem die durch Vermögensbesteuerung eingenommenen Mittel zur Verbesserung öffentlicher Bildungsangebote, Gesundheitsfürsorge und anderem eingesetzt werden, was dem Gemeinwohl aller, auch der Superreichen, nützt. Solche Maßnahmen erhöhen Chancengleichheit und Partizipationsmöglichkeiten aller in den entscheidenden gesellschaftspolitischen Aushandlungsprozessen.

Ist aber die Sorge nicht doch gerechtfertigt, dass die Superreichen in einem solchen Fall abwandern und dabei Geld und Arbeitsplätze mitnehmen werden? Nein, denn:

- Der Global Competitiveness Report zeigt Jahr für Jahr, dass Steuern eine nachrangige Bedeutung für das Investitionsverhalten von Unternehmen haben. Wichtiger sind beispielsweise Rechtssicherheit, Infrastruktur und Bildung von Arbeitnehmern. Dinge also, die von Steuergeldern bezahlt werden. Wären Steuern wirklich so wichtig, würden alle ihre Fabriken in die Sahara verlagern. Dort sind die Steuersätze attraktiv und niedrig.

- OECD und IWF unterstützen die Sicht, dass eine Besteuerung von Arbeit oder indirekte Besteuerung über Mehrwertsteuern schädlicher für inklusives Wirtschaftswachstum ist als eine Besteuerung von Großvermögen.

- Selbst der IWF warnt vor sozialen Unruhen, falls die Belastungsverteilung durch Corona als ungerecht erachtet wird – auch die damit einhergehenden Zerstörungen würden Vermögen verringern.

- Auch Superreiche schätzen die Annehmlichkeiten zivilisierter Gesellschaften, auch sie werden nicht wegen niedriger Steuersätze in die Sahara umziehen. Tun sie es dennoch, könnten, wie in den USA

Wegzugsteuern verhängt werden. Zudem wird alles, was sie nicht mitnehmen können, etwa Firmen, Grundstücke, Häuser, weiter besteuert.

Wenn wir dies umsetzen, bin ich überzeugt, dass weitere Belege für jene Forschungsergebnisse erbracht werden können, nach denen weniger ungleiche Gesellschaften gesündere, stabilere und glücklichere Gesellschaften sind. Für die Reichen gilt dann zumindest dies: »Die Reichen mögen ärmer werden, dafür aber glücklicher. Denn es ist hart, reich zu sein« (Mason, S. 290).

7.3 Abhängigkeit und Manipulation sichtbar machen

Um heute Ungleichheit angehen zu können, müssen aber zunächst die Besitz- und Machtverhältnisse bei Großvermögen offengelegt werden. Es geht also um Register zum Besitz von und Beteiligungen an Firmen und Banken, Finanzfonds, Grund und Boden, Immobilien, Finanztitel und Geld. Konzepte und technische Voraussetzungen für die Machbarkeit solcher Register gibt es. Es fehlt an rechtlichen Voraussetzungen und politischen Mehrheiten für deren Einführung.

Diese Register sollen bei betrieblichen Großvermögen öffentlich sein, da die Macht heutiger Konzerne über die Geschicke ganzer Länder ein öffentliches Interesse mehr als rechtfertigt. Bei privaten Großvermögen sollen die Vermögensverhältnisse gegenüber den Steuerbehörden transparent sein – hier geht es lediglich um die Gleichbehandlung aller Steuerpflichtigen, die bei Großvermögen bisher in aller Regel aufgrund bestehender Verschleierungsmöglichkeiten nicht gegeben ist.

Insbesondere gilt es, Licht ins Dunkel von Offshore-Steuerparadiesen zu werfen, und zwar nicht nur in jene der Karibischen Inseln, sondern auch in Delaware, der City of London, in Luxemburg, der Schweiz, Hongkong und vielen anderen. Ehrlicherweise muss man sagen, dass ohnehin jedes Land, auch Deutschland, seine diskreten Angebote macht, um Kapital eher zu sich zu locken als zu riskieren, dass es anderswo anlandet. Deshalb verteidigen alle Regierungen ihre Steuerhoheit hartnäckig. Und deshalb muss, wenn das Offshore-Unwesen wirklich beendet werden soll, jedes Land, auch Deutschland, Zugeständnisse machen. Ist dies aber der Fall, werden alle profitieren. Gegen nichtkooperative Gebiete und jene, die weiterhin mit diesen Geschäfte machen, sind spätestens dann drastische Sanktionen gerechtfertigt.

Transparenz und Regulierungsmaßnahmen müssen dabei nicht nur reguläre Banken betreffen, sondern auch alle, die im Schattenfinanzsektor bankenähnliche Funktionen jenseits öffentlicher Kontrolle ausüben: Staatsfonds, Beteiligungs-, Anlage-, Pensions-, Hedge und Private Equity Fonds sowie Risiko-, Rück-, und Lebensversicherungen.

Damit aus Vorstehendem der beste Nutzen für das Gemeinwesen gezogen werden kann, müssen Steuerbehörden und Finanzermittler in den Stand versetzt werden, grenzübergreifend tätig zu werden. Rechtlich, technisch und personell. Finanz- und Ermittlungsbehörden müssen dringend auf Augenhöhe gebracht werden mit Lobbyisten, Steuerprüfern und jenen Anwälten, die das gegenwärtige Finanzkapitalismus- und Offshoresystem am Laufen halten.

Auch hier hilft verstärkte Transparenz, etwa Lobbyistenregister oder die Offenlegung von »legislativen Fußabdrücken«, d. h. jenen Textblöcken, die Lobbyisten zu Gesetzespaketen und Verträgen beisteuern, damit später Steuerbetrug (Cum-Ex-Skandal!) oder aggressive Steuervermeidung möglich wird. Zudem braucht es eine Zerschlagung der »Big Four«, der weltgrößten Wirtschaftsprüfungskonzerne: Diese vereinigen unter einem Dach Abteilungen, die Firmen auf gesetzeskonformes Verhalten hin untersuchen (mit mäßigem Erfolg, wie der Wirecard-Skandal belegt), und andere, die dieselben Firmen dahingehend beraten, welche der gerade noch legalen Steuergestaltungsmodelle für sie die lukrativsten sind.

Da es noch sehr lange dauern wird, bis all dies umgesetzt ist, braucht es verbesserten Schutz für »Whistleblower«, also Menschen wie den bereits zitierten John Doe, die den Mut haben, bestehende Missstände an die Öffentlichkeit zu bringen. Recht und Rechtsprechung sind sich zunehmend einig, dass deren Vergehen, etwa Verstöße gegen Schweigepflichten, geringer und nachrangig sind angesichts jener vorhergegangenen Verbrechen, die durch sie enthüllt werden.

Noch zwei zentrale Punkte aus meiner Arbeit zu Steuergerechtigkeit und Entwicklungszusammenarbeit: Aus Afrika fließt jährlich über dunkle Kanäle mehr Geld ab als über Entwicklungshilfe und ausländische Direktinvestitionen kombiniert zufließt. Würde also afrikanischen Behörden durch Transparenz ermöglicht, Finanzkriminalität, Kapitalflucht und Steuerhinterziehung besser zu bekämpfen, wäre dies ein riesiger Fortschritt für die Selbstbestimmung und Lebensqualität in diesen Ländern. Auch Korruption kann gesenkt werden, wenn nachvollziehbar ist, wer welche »Kickbacks« erhält und wohin er sie verschiebt.

7.4 Pfadabhängigkeiten verstehen

Ein oft unterschätztes Problem der Transformation sind bestehende Pfadabhängigkeiten in den industrialisierten Ländern, dass also bereits Existierendes die Möglichkeit und Umsetzung von Veränderung beeinflusst oder massiv erschwert. Etwa die Anordnung der Buchstaben »QWERTZ« auf Tastaturen, die Spurbreite verlegter Eisenbahnschienen, gebaute Straßen, traditionelle Industrien wie etwa Kohlefördergebiete. Ebenso problematisch ist Enthusiasmus ohne Bodenhaftung. Dies kann man »am Beispiel der Digitalisierung klarmachen: ... Erst kommt die Behauptung, die roboterisierte Fabrik oder das autonom fahrende Auto sei ›unsere Zukunft‹, dann die Implementierung, dann die Auseinandersetzung mit den sozialen, juristischen, kulturellen Folgen. Das ist so, als würde man erst die Brücke bauen und sich hinterher fragen, was sie denn jetzt verbindet« (Welzer, 2019, 173-175). Am problematischsten ist, wenn Pfadabhängigkeit und fehlgeleiteter Enthusiasmus zusammenkommen. Die Futurologin Webb illustriert dies anhand »fliegender Autos«: Würden sie Realität, wäre es nur ein scheinbarer Fortschritt, da sie Probleme, die durch wachsenden Individualverkehr entstanden sind, nicht lösen. Auch Flugautos verbrauchen Energie, ebenso Fläche, weil sie irgendwo abgestellt werden müssen. Webb glaubt deshalb eher an die Zukunft selbstfahrender Autos, insbesondere aber sieht sie die Zukunft in Carsharing, selbstfahrenden Bussen und einem verbesserten öffentlichen Personennahverkehr. Wird Pfadabhängigkeit ignoriert, kann es zu Fehlentwicklungen oder Mittelverschwendung kommen – siehe Flugtaxis.

Aber gerade weil in transformativen Perioden Wandel auf unterschiedlichsten Ebenen in unterschiedlichsten Segmenten zusammenkommen, war und ist die Überwindung von Pfadabhängigkeit möglich (siehe 6.7). Zu beachten ist aber, dass es dabei zu neuen Abhängigkeiten kommen kann, etwa im digitalen Bereich, denen rechtzeitig begegnet werden muss (siehe 7.8). Oder es kann zu nicht-nachhaltigen Weichenstellungen kommen, die bis auf weiteres hintangestellt werden sollten (siehe 7.12).

Entwicklungsländer schließlich sind, eben weil sie weniger entwickelt und deshalb weniger vorgeprägt sind, in einer besseren Situation und können deshalb »Entwicklungssprünge« machen, das sogenannte »leapfrogging«. Dabei sollten sie unterstützt werden, etwa beim Überspringen des fossilen Zeitalters durch den Ausbau regenerativer Energien.

7.5 Neue Wohlfahrtsmaßstäbe

Ohne Kompass keine Richtung – wir brauchen bessere Leitwerte als die bisherigen Finanzbilanzen, DAX oder Bruttoinlandsprodukt. Gerade Letzteres zeigt: Es ist doch wirklich widersinnig, wenn ein Wohlfahrtsmaßstab, der Unfälle, Katastrophen und deren Beseitigung positiv als Wachstum ausweist, bis heute politisches Handeln leitet! Wenn die Leitwerte anders sind, ändert sich auch das Handeln von Banken, Firmen und der Politik.

Dieses Problem fand nach der Weltfinanzkrise 2007/2008 breite Beachtung. England, Frankreich, Deutschland, der UN-Generalsekretär und andere setzten »Glückskommissionen« ein, um alternative Maßstäbe und Kriterien zu diskutieren. Geändert hat sich bislang nicht viel, und doch: In Deutschland gibt es bereits den Nationalen Wohlfahrtsindex mit seinen zwanzig wohlstandssteigernden und -mindernden

Faktoren, also ein Bewertungssystem, welches nicht nur Entwicklungen in der Wirtschaft, sondern auch in der Gesundheit, in Bezug auf unbezahlte Hausarbeit, ehrenamtliche Arbeit, Kriminalität, Verkehrsunfälle, Lärmbelastung oder Biotopflächenveränderung misst. Dieser Index wird bereits seit vielen Jahren vom Umweltbundesamt angewendet und aktualisiert – er könnte sofort als gesamtgesellschaftlicher Maßstab übernommen werden. Ebenso stünde weltweit der Human Development Index zur Messung weltweiter Wohlfahrtsmehrung zur Verfügung.

Dank der EU gibt es inzwischen nichtfinanzielle Berichtspflichten für große Wirtschaftsunternehmen, d. h. neben der immer noch zentralen Finanzbilanz muss auch über Umweltschutz, Arbeitnehmerrechte, Menschenrechte, Antikorruptionsmaßnahmen und Unternehmensführung (etwa Geschlechterrepräsentanz) berichtet werden. Freilich: Die Vorgaben sind allgemein gefasst und eröffnen Gestaltungfreiheit, ebenso fehlen Kontrollen, ob das Gesagte mit dem Tun korreliert.

Dass schon für kleine(re) Firmen deutlich Besseres möglich ist, zeigen Unternehmen der Gemeinwohlökonomie. Deren Gemeinwohlbericht und -bilanz muss sich an strenge und klar definierte Vorgaben halten, und zunehmend sind diese Unternehmen bereit, die Richtigkeit ihrer Angaben durch ein Audit-Verfahren extern und transparent prüfen zu lassen.

7.6 Umgang mit dem Wachstum

Wachstum wäre dann akzeptabel, wenn eine doppelte Entkopplung gelänge: Die Entkopplung materiell-ökonomischen Wohlstands vom steigenden Verbrauch von Energie und Ressourcen sowie die Entkopplung unserer Vorstellung von Lebensqualität von materiell-ökonomischem Wohlstand. Das erste kann durch Effizienz erreicht werden, was aber dennoch die Gefahr eines Überschreitens planetarer Möglichkeiten beinhaltet. Das zweite durch Suffizienz (Genügsamkeit).

Das Problem: Reiche Länder können armen Ländern nicht vorschreiben, dass diese auf Wirtschaftswachstum verzichten sollen, während diese doch nur einen den reichen Ländern vergleichbaren Wohlstand anstreben. Umgekehrt ist zu fragen, wer bei uns bereit ist, von heute auf morgen den Gürtel enger zu schnallen? Oder generelle Verbote zu akzeptieren, die Produktion und Konsum einschränken? Und: Ist prinzipiell auszuschließen, dass neu entwickelte Technologien Wachstum verändern und dadurch später ermöglichen, natürliche Ressourcen zu schonen?

Deshalb folge ich Papst Franziskus, Harald Welzer oder Kate Raworth in deren »wachstumsagnostischen« Kurs. Sie befürworten eine Reduzierung des Wachstums, betonen dabei aber die Balance zwischen ökologischer Nachhaltigkeit und sozialer Gerechtigkeit. Das wiederum erfordert Fall-zu-Fall-Abwägungen. Wenn also in einem Bereich Wachstum zur Erreichung eines gerechtfertigten Ziels nötig ist, kann dies vorübergehend (!) vertretbar sein, wenn zugleich ein Um- oder Ausstiegsszenario existiert. Konkret könnte es bedeuten, dass Entwicklungsländern Wachstum zugestanden wird, damit sie den Wohlstand ihrer Bevölkerung mehren können. Die dann absehbaren schädlichen Auswirkungen können minimiert werden, indem ihnen jene Technologiepatente kostenlos überlassen werden, die ermöglichen, den Energieverbrauch in der Produktion niedrig zu halten oder gar zu senken.

Die Gefahr solcher Zugeständnisse ist allerdings, dass die existierenden planetaren Grenzen nicht ernst genommen und anstehende Einschnitte so lange hinausgeschoben werden, bis es zu spät ist. Deshalb setze ich eher darauf, dass die Zahl jener wächst, die sich aufgrund einer Werterevolution, wie sie in diesem Buch gefordert wird, von ihrem bisherigen Lebensstil abwenden und sich auf diese Weise suffizientere Lebensstile verbreiten.

Darüber hinaus gibt es weitere rechtlich-politische Maßnahmen, um Fehlentwicklungen auszubremsen. Zum Beispiel:

- eine angemessenere Bepreisung von Produktion und Konsum (siehe 7.9);
- keine Staatsgelder mehr ohne Auflagen, die eine soziale und ökologische Reform begünstigen – dies war bei der durch Corona erforderlich gewordenen

Rettung von Austrian Airlines der Fall, bei der Rettung der Lufthansa nicht;

- ein Verbot von Werbung, um vergleichenden »Statuskonsum« zu verringern und Kaufentscheidungen verstärkt am Bedarf zu orientieren;
- Entwicklungshilfe dahingehend verändern, dass technische Innovationen, die die Transformation voranbringen, kostenlos an Entwicklungsländer gegeben werden; gleichzeitig Wirtschaftsunternehmen dort, wo es angebracht ist, für entgangene Patenteinnahmen mit Steuermitteln entschädigen.

7.7 Kapital muss dienen

Ich bin weder gegen die Marktwirtschaft noch gegen den Kapitalismus noch den Wettbewerb an sich, ebenso wenig ist die Katholische Soziallehre gegen all dies. Wohl aber bin ich – wie die Soziallehre – gegen den unregulierten Finanz- und Offshore-Kapitalismus. Zudem ist »Kapital« weit zu verstehen: Es geht nicht nur um Geld, sondern auch um Verfügungsrechte an Produktionsmitteln, natürlichen Gütern (Boden!) oder Patenten. Neben Transparenz und wirksamer Besteuerung braucht es deshalb noch eine Reihe anderer Strategien, um das Kapital vom Herrscher zum Diener des Gemeinwohls zu machen. Aus Platzgründen seien nur ausgewählte »Baustellen« genannt, die bereits in der Diskussion sind.

Um grenzenlose Kapitalmobilität einzuschränken, bietet sich die Schaffung eines eigenen europäischen Zahlungsverkehrssystems an, wie es Heiko Maas oder Olaf Scholz bereits ins Gespräch gebracht haben. Die technischen Möglichkeiten sind vorhanden, um den Euro neben dem Dollar zu einer globalen Leit- und Reservewährung zu machen. Das funktioniert aber nur, wenn der Euro eine echte Gemeinschaftswährung wird – und hier liegt das Problem. Die Eurokrise zeigte, dass der Euro eben keine starke Währung ist, die von einem starken Staat gestützt wird. Vielmehr basiert er auf einem fragilen Konsens unterschiedlicher Staaten – wobei Deutschland als größter Profiteur auch der größte Bremser in Bezug auf jegliche »Vergemeinschaftung« ist. Käme es hier zu Fortschritten, könnten im nächsten Schritt Kapitalverkehrskontrollen eingeführt werden – und schon hätte Europa ein großes Stück Selbstbestimmung gegenüber »dem Kapital« und »den Märkten« zurückgewonnen.

Der Gestaltungsraum könnte dann genutzt werden, um die »Finanzialisierung«, also die überproportionale Aufblähung des Finanzsektors durch Eigengeschäfte, zu reduzieren und Geld wieder verstärkt an die Produktion realer Güter und Dienstleistungen zu binden. Als Einstieg bieten sich Verbote »innovativer Finanzprodukte« an, etwa von Derivaten. Ein Klassiker ist hier die Spekulation mit Lebensmitteln oder ungedeckte Leerverkäufe, also der Handel mit Papieren, die man gar nicht besitzt, sondern sich lediglich vorübergehend gegen Gebühr von den Besitzern ausleiht. Als Minister Wolfgang Schäuble Letzteres nach der Weltfinanzkrise im nationalen Alleingang zu verbieten suchte, kam er nicht weit. Ein neuer Anlauf im Bereich der EU würde aufmerken lassen. Das Gleiche gilt für die Ausbremsung des computergesteuerten Derivatehandels durch eine umfassende Steuer auf Finanztransaktionen.

Ähnlich sollte kapitalistische Renditewirtschaft durch Regulierung aus Bereichen verdrängt werden, wo sie nichts zu suchen hat: in der Alterssicherung, der Versicherung von Unfällen und Lebensrisiken, im Gesundheits-, Pflege- oder Bildungsbereich.

Ein wichtiger Beitrag zur »Finanzialisierung« ist die Möglichkeit von Banken, durch ihre Kreditvergabe quasi Geld aus dem Nichts zu schaffen. Zur Frage, wie dies zurückgeführt werden kann, tobt eine heftige Diskussion zwischen Experten, die hier nur angerissen werden kann: Irving Fisher und Christoph Binswanger folgen dem Konzept des Hundert-Prozent-Geldes oder Vollgeldes, Kate Raworth bevorzugt den Freigeld- oder Schwundgeld-Ansatz (siehe Degens, 2013). In beiden Modellen spielen Zentralbanken eine wichtige Rolle, in beiden Modellen haben Regionalwährungen einen Platz. Die Diskussion ist aber schon lange nicht mehr rein theoretisch. Loske (2015) beispielsweise sieht Elemente dieser Konzepte bereits in der Realität angekommen:

- Die Financial Times forderte nach der Finanzkrise 2007/2008 die Rückübertragung der Geldmengensteuerung an die Notenbank und die Rückbindung an die realwirtschaftliche Entwicklung – der Vollgeld-Vorschlag lässt grüßen.
- Aber auch den Schwundgeldansatz kann man erkennen, etwa »in der Niedrigzinspolitik der Europäischen Zentralbank«.
- Und was die Schaffung von Regionalwährungen betrifft: Zur Zeit der Griechenlandkrise schlug selbst die Deutsche Bank die Einführung des regionalen »Geuro« vor.

Darüber hinaus gibt es neue Ansätze, etwa die Modern Monetary Theory (Kelton, 2020), die spätestens seit dem US-Wahlkampf 2020 im Raum steht. Ihr Aufstieg begann mit der Weltfinanzkrise 2008, aus deren Ursachen und Folgen sie zu lernen beansprucht. Sie hat Stärken, Schwächen und blinde Stellen. Allerdings ist eine Beschäftigung mit dieser Sicht auf Staatsverschuldung, Inflation und Steuern auf jeden Fall lohnend, auch im Hinblick auf die Finanzierung der Corona-Kosten sowie der sozial-ökologischen Transformation.

Ebenso wichtig wie die Geldschöpfung ist die Lenkung von Geld in zukunftsträchtige Güterproduktion und Dienstleistungen. Ein Mittel hierzu ist Transparenz bei ethisch-sozial nachhaltigen Anlageprodukten. Bislang konnten Anleger kaum zwischen seriösen

Produkten und »Greenwashing« unterscheiden. Inzwischen gibt es für die Europäische Union hierzu ein Regelwerk (die sogenannte Taxonomie), welches verbindliche »Grüne Standards« definiert. Ein großer Fortschritt, wenngleich dies jetzt noch durch ein Regelwerk ergänzt werden müsste, das soziale Kriterien entsprechend präzise definiert.

Eine sehr erfreuliche Dynamik ist beim Ausstieg aus fossilen Produkten und Industrien zu beobachten. Wissenschaftler berechneten, dass ein Umlenken von zehn Prozent aller Investitionen aus dem Bereich der fossilen Energien hin zu regenerativen Energien das Ende des fossilen Zeitalters besiegeln kann. Aus diesem Segment wurden in den letzten Jahren bereits 14,53 Billionen US-Dollar abgezogen. Das entspricht fast dem (noch) Marktwert der fossilen Industrien und Infrastrukturen, der 2020 bei 18 Billionen US-Dollar lag. Über ein Drittel des Abzugs geht auf religiös motivierte Anleger zurück. Dies zeigt die Bedeutung und Wirkung der Gesellschaftlichen Kippinitiative »moralische Ächtung weiterer Verwendung fossiler Energie«. Beschleunigt sich dieser Abzug, sinkt die Profitabilität anderer Anleger, werden weitere Gelder abgezogen und der Trend wird beschleunigt. Übrigens: Um sicherzustellen, dass Exxon Mobile das Richtige tut, setzte der Hedgefonds Engine Nr. 1 bei der Aktionärsversammlung 2021 durch, dass zwei Verwaltungsratsposten mit Experten für erneuerbare Energie besetzt wurden.

Grundsätzlich sollten private, kommerzielle und institutionelle Anleger ihre Geschäftsbeziehungen bei Privatbanken überprüfen und ihr Geld in ethisch einwandfreie, zertifizierte und geprüfte Fonds oder demokratisch kontrollierte Gemeinschafts- und Genossenschaftsbanken umlenken. A propos Demokratisierung: Wie wäre es, wenn bei der nächsten Wirtschaftskrise staatliche Rettungsgelder nicht über die Banken ausgeschüttet werden (»Quantitative Easing«), sondern über Haushalte? Dann könnte die »Weisheit der Menge« durch ihren Konsum entscheiden, welche Bereiche der (Real-)Wirtschaft gestärkt werden sollen (»People's Easing«).

Europa ist hier auf einem guten Kurs und könnte noch viel mehr bewegen, wenn die EU-Mitgliedstaaten es wollen. Denn seit dem Brexit zählt die Entschuldigung nicht mehr, die Briten würden die in Finanzdingen erforderliche Einstimmigkeit blockieren. Kann Europa es sich leisten, »die Märkte« und »das Kapital« dermaßen zu verschrecken? Ja, es ist und bleibt der weltgrößte Binnenmarkt – zu attraktiv für Investoren, als dass diese ihn boykottieren würden. Natürlich könnte Europa diesen Prozess beschleunigen, wenn es sich aus dem im Maastricht-Vertrag festgeschriebenen neoliberalen Korsett befreien würde – aber dazu später (7.19).

Jetzt habe ich nichts zu Kryptowährungen und Blockchain ausgeführt, die als dezentraler Gegenentwurf zur Macht zentraler Banken für Zahlungen im Internet entwickelt wurden – eine an Bedeutung gewinnende Entwicklung mit großem Energiehunger. Da sie aber noch nicht systemrelevant sind, möchte ich hier und heute nicht näher darauf eingehen. Wohl aber ist dies eine gute Überleitung zum nächsten großen Thema.

7.8 Digitalisierung und Künstliche Intelligenz

Wenn eines sicher ist: Der Bereich von Digitalisierung, Informations- und Kommunikationstechnologie sowie Künstlicher Intelligenz wird unaufhaltsam an Bedeutung gewinnen. Warum das so ist, zeigt die Forschung zu historischen Transformationen von Wirtschaft und Gesellschaft. Vier Charakteristika sind demnach entscheidend, um eine klare Abgrenzung zwischen »davor« und »danach« zu ermöglichen: In solchen Zeiten verändern sich die »Energiebasis von Wirtschaft und Gesellschaft, Kommunikations-, Wissens- und Logistikinfrastrukturen, die Bedeutung von Zeit in Wirtschaft und Gesellschaft« und es kommt zu einer »Machttransformation und gesellschaftlichen Wandel« (WBGU, 2011, S. 91). Bei der Entwicklung von der Agrar- zur Industriegesellschaft war eine solche Abgrenzung durch die neu eingeführten fossilen Energieträger, Straßen, Schienen, Telefon und Telegrafen möglich, jetzt geht es um regenerativ gewonnenen Strom, das Internet der Dinge und Künstliche Intelligenz. Das Umwälzende der aktuellen Transformation zeigt sich etwa beim Stichpunkt »Raum und Zeit«:

Was jetzt in Deutschland ins Internet geladen wird, ist unverzüglich weltweit abrufbar, Konferenzen in Echtzeit zwischen unterschiedlichen Zeitzonen sind ebenso Realität wie nie ermüdende Computeralgorithmen, die die Welt verändern, während wir schlafen. Darüber hinaus vergisst das Internet nichts und ist überall gegenwärtig.

Das Auftauchen neuer Technologien an sich ist noch kein Beleg für bessere Zeiten.

> Es mangelt zwar nicht an rhetorischen Bezügen, insbesondere durch die Anwendung des Begriffs »smart« auf jedes klimafreundlich zu transformierende Teilsystem der Industriegesellschaft: Smart Grids, Smart Cities, Climate-Smart Agriculture usw. Die digitalen Ressourcen und Projekte werden jedoch bisher überwiegend für konventionelles Wachstum auf etablierten Märkten im internationalen Wettbewerb eingesetzt. Sinn und Zweck des digitalen Fortschritts in diesen Zusammenhängen ist nicht in erster Linie die Nachhaltigkeit; Aspekte wie Unterhaltung, Bequemlichkeit, Sicherheit und nicht zuletzt kurzfristige finanzielle Gewinne dominieren. Im Großen wirken Digitalisierungsprozesse heute eher als Brandbeschleuniger bestehender, nicht nachhaltiger Trends, also der Übernutzung natürlicher Ressourcen und wachsender sozialer Ungleichheit in vielen Ländern. (WBGU, 2019, S. 4)

Wer hoffte, die Digitalisierung führe in vielen Bereichen zu einer Entmaterialisierung, täuscht sich.

Daten brauchen materielle »Träger«, ihre Erzeugung, ihr Transport und ihre Speicherung benötigen eine gigantische Infrastruktur aus Prozessoren, gekühlten Serveranlagen und Leitungen. Für den Transfer in die analoge Welt brauchen (3-D-)Drucker und Maschinen erneut Material, um Daten Gestalt zu geben. Forscher bezweifeln insbesondere, ob der wachsende Energiehunger etwa bei Spracherkennung oder Kryptowährung noch mit den Geboten der Nachhaltigkeit vereinbar ist. Es handelt sich also eher um eine »Hypermaterialisierung«, die eigentlich für eine Entdigitalisierung bestimmter Bereiche spricht.

Es ist natürlich toll, wenn ein Herz aus dem 3-D-Drucker in absehbarer Zeit Herztransplantationen überflüssig macht. Auch kann Künstliche Intelligenz uns dabei helfen, komplexe globale Probleme besser zu verstehen und in den Griff zu bekommen. Ich finde Darlegungen faszinierend, wie das Heranwachsen einer neuen Generation von Tüftlern, Produzenten und Konsumenten (»Prosumer«) dazu beitragen kann, Konzernmacht zu schwächen. Und selbst wenn aktuell riesige kommerzielle Machtmonopole in den USA und das staatliche Machtmonopol in China die Freiheit und die demokratische Idee des Internets bedrohen, glaube ich, dass es nicht so bleiben muss, wie die Erfolge im Umgang mit Energiemonopolisten im Rahmen der Energiewende zeigen (siehe 7.13).

Doch selbst, wenn unbestritten bleibt, dass Künstliche Intelligenz dem Menschen schon jetzt kalkulatorisch-kognitiv überlegen ist: Glaubt irgendjemand ernsthaft, dass Künstliche Intelligenz in absehbarer Zeit die über Millionen Jahre gewachsene geologische, biologische, emotionale, psychische, soziale und kulturelle Komplexität der Erde auch nur annähernd so gut verstehen kann wie der Mensch, und sie entsprechend besser gestalten und lenken kann?

Es bedarf also massiven gesellschaftlichen und politischen Tuns, um die Digitalisierung sozial gerecht und ökologisch nachhaltig zu gestalten – und darüber Transparenz und demokratische Kontrolle nicht zu vergessen. Es gibt schon jetzt genügend Beispiele, wie man mithilfe von Digitalisierung und Künstlicher Intelligenz im Dienst der Mächtigen manipulieren kann. Mit dem auf Facebook-Daten aufbauenden Microtargeting beeinflusste etwa die Firma Cambridge Analytica die Präsidentenwahlen 2016 in den USA und 2017 in Kenia. Oder: Künstliche Intelligenz vermag, fiktive Ansprachen Präsident Obamas aus dessen online vorhandenen Reden derart echt zusammenzustellen, dass sie für ein Original gehalten werden können. Die Erzeuger des Algorithmus meinen zwar, sie seien stets in der Lage, Original von Fälschung zu unterscheiden. Aber sind all jene, die eine solche fiktive Rede im Internet hören und teilen, daran überhaupt interessiert? Sobald ein solcher Brandbeschleuniger in der Welt ist, kann er nicht mehr gelöscht werden.

Umso wichtiger ist die Frage: Lassen wir die Dinge hier einfach laufen oder versuchen wir, sie jetzt noch rechtzeitig nach unseren Vorstellungen und Werten zu gestalten und zu regulieren? Natürlich wird immer wieder versichert, dass Computer nur das tun, was wir programmieren. Aber stimmt das wirklich? Schon jetzt können Forscher das »Tun« von Algorithmen nicht immer umfassend nachvollziehen. Zudem sind jedem Versuch, korrekt programmierte Algorithmen durch andere Algorithmen daran zu hindern, Schaden anzurichten, prinzipiell mathematische Grenzen gesetzt. Schon jetzt können Experten, wenn sie den sogenannten Turing Test machen, nicht mehr unterscheiden, ob es sich beim Gegenüber um einen Menschen oder um Künstliche Intelligenz handelt.

Hinzu kommt, dass aufgrund wirtschaftlicher Interessen bzw. der Sorge um digitale Vorherrschaft viele Informationen nicht mehr öffentlich zugänglich sind und deshalb nicht mehr nachvollzogen werden können. All das wird erst recht bedenklich, wenn es funktionierende Quantencomputer mit Nanotechnologie in nennenswerter Größe gibt. Diese mögen keine der menschlichen Intuition oder Emotion vergleichbare Fähigkeit haben. Ihre Analysefähigkeit wird dem aber dermaßen nahe kommen, dass es keinen Unterschied mehr macht. Aus all diesen Gründen möchte ich nicht abwarten, wozu »selbstlernende Algorithmen« fähig sind, sondern wäre froh, wenn man sich damit befasst, bevor etwas außer Kontrolle gerät.

Wie schwierig es zudem ist, Algorithmen Ethik zu vermitteln, belegen Erfahrungen im Umgang mit selbstfahrenden Autos, etwa, wann diese bremsen müssen und wen sie überfahren dürfen. Dabei streiten sich Programmierer über Fragen, die die menschliche Gesellschaft selbst für sich noch nicht gelöst hat: Sollen solche Ethikprogramme auf einem Menschenrechtsansatz aufbauen (Kant)? Auf einem utilitaristischen Ansatz (Mill)? Auf einem Tugendansatz (Aristoteles)? Noch einmal deutlich realer ist dieses Problem bei automatisierten Waffensystemen, etwa Drohnen, die bereits computerbasiert Entscheidungen fällen, ohne dass der Mensch noch eine Gelegenheit hat, einzugreifen.

Ethiker, die bei der Erstellung des EU-Verordnungsvorschlags zur Regulierung Künstlicher Intelligenz mitarbeiteten, erlebten sich als Feigenblatt gegenüber den Interessen der Industrie. Dennoch hat die EU mit dieser Initiative nach der Datenschutz-Grundverordnung einen zweiten, weltweit einzigartigen Regulierungsvorstoß unternommen. Es gilt jedoch weiter, wachsam zu sein: Während Wissenschaftler interdisziplinäre Lehrstühle für KI-Ethik fordern, »sponsort« Facebook bereits einen Ethik-Lehrstuhl an der TU München – mit Sicherheit nicht ohne Eigeninteresse.

Nicht vergessen werden dürfen Risiken aufgrund der Fragilität der Infrastruktur und zentraler Anwendungen. Selbst wenn noch dominierende hierarchisch-zentrale Strukturen durch Dezentralisierung abgebaut werden, bleiben Bankserver, Gesundheitsdatenbanken oder Sicherheitsdienste attraktive Ziele für Angriffe und Erpressungsversuche durch Kriminelle, Terroristen, »Schurkenstaaten« oder gelangweilte Teenagehacker.

Auch und gerade weil so vieles hier jenseits jeglicher Fassungskraft ist, darf man es nicht den Experten überlassen. Vielmehr sollte man diese im Rahmen eines gesamtgesellschaftlichen Dialogs dazu zwingen, Dinge transparent so herunterzubrechen, dass jeder versteht, wo die Chancen und Risiken für alle liegen.

Weitere Probleme, auf die ich später eingehe, sind die Auswirkung der digitalen Revolution auf menschliche Arbeit (7.10) und der Umgang mit der fehlenden digitalen Kompetenz vieler Durchschnittsnutzer (8.3).

7.9 Wirtschaften für das Leben

»Diese Wirtschaft tötet.« Kaum ein anderer Satz von Papst Franziskus verursachte vergleichbar heftige Reaktionen – wie es beinahe immer der Fall ist, wenn Sätze aus dem Zusammenhang gerissen werden. Dabei wollte der Papst ein überfälliges Nachdenken sowie konkrete Gegenmaßnahmen anstoßen – denn die gibt es.

Eine einfache Stellschraube mit großem Potenzial für die Große Transformation ist – und da sind Papst und (heterodoxe) Ökonomen sich einig –, dass Produkte endlich alle Kosten widerspiegeln müssen, die sie in der und für die Schöpfung und Gemeinschaft verursachen, insbesondere Umweltkosten (Schäden durch den Abbau von Rohstoffen, Transport, Pestizide) und Gesundheitskosten (schlechte Arbeitsbedingungen, Rauchen, Alkohol, Nahrungszusatzstoffe). Um dafür Akzeptanz zu schaffen, ist zunächst einmal Wissen erforderlich, beispielsweise ein transparent-vergleichbarer Überblick über den Energie- und Ressourcenverbrauch in unterschiedlichen Produktionsabläufen – weshalb dies eine weitere der in 6.7 genannten Gesellschaftlichen Kippinitiativen ist. Zu diesem Zweck wurden Indikatoren wie der Ökologische Fußabdruck oder Ökologische Rucksack entwickelt: Ersterer misst die Fläche, die erforderlich ist, um Ressourcenverbrauch natürlich-nachhaltig zu regenerieren, letzterer die Menge von Ressourcen insgesamt, die bei der Herstellung, dem Gebrauch und der Entsorgung eines Gegenstands oder einer Dienstleistung anfallen. Insbesondere in der Industrie ist ein gemeinsamer Berichtsstandard erforderlich, damit weltweit das Gleiche gemessen und dann auch verglichen werden kann. Hierfür wollen die G7 noch 2021 »klimarelevante Offenlegungen« einführen.

Ist dieses Wissen vorhanden, kann der Preis für Produkte und Dienstleistungen angepasst werden. Das Gute ist: Es gibt in schon vorhandenen Gesetzen genügend Ansatzpunkte, um eine Bepreisung oder andere Verpflichtungen zum Schutz von Arbeit und Umwelt umzusetzen: in den Gesetzen gegen den unlauteren Wettbewerb und Wettbewerbsbeschränkungen, dem Bürgerlichen Gesetzbuch, dem Aktiengesetz oder dem Kreditwesen- und Investitionsgesetz. Und das Allerbeste: All dies ist möglich, ohne gegen Rahmenbedingungen der World Trade Organization (WTO) zu verstoßen.

Schwieriger ist aufgrund bestehender Pfadabhängigkeiten der Umbau der Wirtschaft zum besseren Schutz natürlicher Ressourcen. Der Einstieg dazu ist, dass Unternehmensziele nicht mehr an Verkaufs- und Absatzzielen, sondern am realen Bedarf der Menschen ausgerichtet werden und diese wiederum sozial gerechtfertigt und ethisch vertretbar sein müssen – was also etwa Waffenproduktion ausschließt.

Sodann enthält das Green-Deal-Vorhaben der EU-Kommission gute weitere Vorschläge. Zum Beispiel, dass Rohstoffe nicht mehr durch die halbe Welt transportiert, sondern vermehrt durch Recycling gewonnen werden, dass globale Lieferketten reduziert werden und die ausgelagerte Herstellung von Vorprodukten zurück in die Region geholt wird, dass die Langlebigkeit und Reparierbarkeit von Produkten garantiert und in allem Abfall vermieden wird. In einer Kreislaufwirtschaft werden jene sieben R-Wörter realisiert, die dieses Projekt charakterisieren: Refuse (Vermeidung), Reduce (Verringerung), Reuse (Weiterverwendung), Repair (Reparatur), Recycle (Wiederverwertung), Residual (Müll) Management, Rethink (brauche ich das wirklich?) – und mit diesem letzten »R« beginnt der Kreislauf erneut. Ein Knackpunkt ist, dass frisch abgebaute Rohstoffe unvermindert kostengünstiger sind als recycelte. Dabei ist Letzteres eine erhebliche Rohstoffquelle:

Pro Jahr produziert Europa 2 bis 2,5 Milliarden Tonnen Müll, von dem bislang nur 38 Prozent recycelt wurde. Der erste Schritt wäre also ein sofortiger Stopp des immer noch verbreiteten Müllexports in arme Länder. Der Wettbewerbsvorteil neuer Rohstoffe gegenüber recycelten könnte durch einen saftigen Aufschlag gestoppt werden. Warum deshalb nicht die Regelungen der seit Januar 2021 geltenden EU-Plastikmüll-Richtlinie auf alles, was nichtrecycelte Rohstoffe enthält, ausweiten? Erlöse daraus könnten, dem Äquivalenzprinzip folgend, eins zu eins auf die Verbilligung der Produktion recycelter Erzeugnisse übertragen werden. Tut die EU dies für ihren Bereich, kann sie sich gegen Wettbewerbsnachteile durch Billigproduzenten aus dem Ausland mit Zöllen oder der von Kommissionspräsidentin Ursula von der Leyen angeregten Grenzausgleichsabgabe schützen.

Die bereits angesprochenen (7.7) nichtfinanziellen Berichtspflichten können Anlass werden, Leitwerte heutiger Unternehmertätigkeit wie Wettbewerb, Profitstreben, Shareholderinteressen zurückzudrängen und eine neue Unternehmenskultur zu fördern. Dies gilt insbesondere für Kooperation und Demokratisierung unternehmerischer Entscheidungsfindung durch verbesserte Einbeziehung von Arbeitnehmern und anderen Stakeholdern (z. B. von der Produktion Betroffene wie Lieferanten, Kommunen oder Klimaaktivisten). Dieser Prozess kann durch Regulierung und Auflagen beschleunigt werden (mehr Frauen in Vorständen, Lieferkettengesetz) oder durch die finanzielle Förderung von Unternehmensformen, die sich dem Gemeinwohl erkennbar verpflichtet fühlen (öffentliche Aufträge, Privilegierung bei der Umsatzsteuer). Darunter fallen etwa klassische, von Eigentümern geführte kleine und mittelständische Familienunternehmen, Genossenschaften und Kooperativen sowie gemeinnützige Firmenstiftungen, aber auch neue Unternehmenstypen wie Sozialunternehmen oder Firmen der Gemeinwohlökonomie.

Piketty und andere preisen in diesem Zusammenhang das deutsche Mitbestimmungsmodell als weltweit vorbildlich. Das ist es, wie die Lohnentwicklungen bei gut organisierten Berufsgruppen belegen oder die offensichtlich geringere Neigung solcher Betriebe zu Betrug und anderen Gesetzesverstößen. Zugleich stößt diese Erfolgsgeschichte an Grenzen, betrachtet man Niedriglohnsektor, Subunternehmerketten oder gleich illegale Beschäftigungspraktiken – ein Segment, welches aufgrund der Coronapandemie einen Boom erlebte: Der geschätzte Umsatz für 2020 in Deutschland betrug 420 Milliarden Euro, Tendenz für 2021 steigend. Freilich: Auch hier lohnt ein differenzierender Blick.

Bei der großen ersten Gruppe in diesem Segment handelt es sich um sogenannte ddd-Jobs (dirty, dangerous, demeaning), viele davon in arbeitsintensiven Branchen wie Bau, Gastronomie, Landwirtschaft. Andere umfassen Dienstleistungen, die nachgefragt werden von jenen, die sich Vergleichbares legal nicht leisten könnten, und angeboten werden von jenen, die legal nicht arbeiten dürfen, zum Beispiel als Haushaltshilfe, in der Alten- und Krankenpflege.

Dagegen kann man nur mit einem Mix unterschiedlichster Instrumente angehen: bessere Bezahlmodelle, etwa in der privaten Pflege, Sanktionen und Kontrollen durch Behörden, vor allem aber Stärkung der Rechte von Ausgebeuteten, egal ob mit oder ohne Aufenthaltstitel. Könnten Migranten Misshandlung und Lohnvorenthaltung anzeigen, ohne dass sie Furcht vor Strafe und Abschiebung haben müssen, hätte dies einen enormen Abschreckungseffekt auf Arbeitgeber. Der Vorschlag ist umstritten, aber: Das Interesse des Rechtsstaats sollte hier auf Menschenwürde und das Recht auf Lohn für geleistete Arbeit fokussiert sein, nicht auf die leichtere Sanktionierbarkeit der Opfer.

Die zweite Gruppe in diesem Segment praktiziert in den Augen von Loske (2015) schon heute ein Modell für die »Wirtschaft von Morgen«, etwa, indem sie ihre Arbeit und Verdienst nach dem eigenen Bedarf, nicht aber dem des Arbeitgebers oder Marktes oder gleich an nichtkommerzieller Vergütung, etwa Tausch, ausrichtet. Loske sieht hier Grundzüge einer nicht-kommerziellen, »bedarfsorientierten Subsistenzwirtschaft«, bzw. den »Anfang einer ›Mixed Economy‹, eines ›Dritten Weges‹, der ... nicht mehr nur auf Wettbewerb, sondern mindestens ebenso sehr auf Kooperation basiert.«

Dies leitet über zum nächsten großen Themenbereich: Arbeit in all ihren Dimensionen.

7.10 Arbeit neu denken

»New labour« (»Neue Arbeit«) ist schwer modern und ein echter Renner, sieht man sich beispielsweise die Anzahl der Veröffentlichungen zu diesem Thema an. Aber viele Publikationen nähren den Verdacht, dass es sich dabei im Wesentlichen um die bekannten Forderungen nach Flexibilität und Mobilität in einer neuen Verpackung handelt. Zudem fokussiert es zu stark auf bezahlter Erwerbsarbeit. In Bezug auf die Arbeit lohnt sich aber gerade heute ein umfassender Blick. Es gibt:

- Arbeiten wie die ddd-Jobs, bei denen es unabhängig von der Bezahlung nicht schade wäre, wenn Maschinen sie übernähmen (z. B. Müllmänner, Putzen, Bau);
- Arbeit, die nötig, aber unterbezahlt ist (z. B. LKW-Fahrer, Pflege, Sozialarbeit, Polizei);
- Arbeit im Kindererziehungs- und Care-Bereich, die oft unbezahlt ist;

- ehrenamtliche Arbeit und Nachbarschaftshilfe;
- alternativlose Arbeit im Niedriglohnsektor, die oft unter großem Druck und häufig ohne Schutz für die Arbeiter stattfindet (z. B. Ernte- und Küchenhelfer);
- Sklavenarbeit und Ausbeutung in der Schattenökonomie (z. B. Sexarbeit);
- »Bullshit Jobs«, die niemand vermissen würde, wenn sie wegfielen (z. B. Erfinder von »innovativen Finanzprodukten«, bestimmte Managementpositionen);
- Arbeit, die nicht aufgeteilt werden kann, da der Betreffende sie alternativlos machen muss (z. B. Unternehmenseigentümer).
- Arbeit, die neben Geld auch andere Gratifikationen bietet, etwa Selbstentfaltung, Unabhängigkeit, Kreativität, Verantwortung.

Zudem wird Digitalisierung und Künstliche Intelligenz die Welt der Erwerbsarbeit bis zur Unkenntlichkeit verändern. Zunächst wird nach der Pandemie das (digitale) Homeoffice an Bedeutung gewinnen, was zu einer weiteren Isolation der Menschen führen kann. Sodann werden in nicht allzu ferner Zukunft Millionen ihre Jobs verlieren, weil Maschinen und Roboter sie billiger und besser ausführen, darunter hochqualifizierte Tätigkeiten jener, die heute den Mittelstand ausmachen: Steuerbeamte, Anwälte, Ärzte. Natürlich werden auch neue Jobs entstehen – aber eher nicht für jene, die durch diese Entwicklung arbeitslos werden.

Die Folgen dieser Entwicklungen werden viel zu selten angesprochen. Angesichts der zu erwartenden sozialen Verwerfungen ist eine offene Aussprache geboten, einerseits wegen kritischer Folgen, an die kaum jemand denkt, andererseits, weil all dies leichter zu lösen ist als die oben (7.8) angesprochenen Fragen bezüglich Künstlicher Intelligenz.

Warum können die Folgen kritischer sein als gedacht? Eigentlich würde die Übernahme so vieler Arbeiten durch Maschinen doch bedeuten, dass wir auf ein Leben zusteuern, welches dem von Karl Marx skizzierten Paradies ähnelt: Morgens können wir jagen, nachmittags Fische fangen und überhaupt all das tun, wonach uns gerade der Sinn steht! Keynes dagegen sagt, er denke

> mit Schrecken an die Umstellung der Gewohnheiten und Triebe des durchschnittlichen Menschen, die ihm über ungezählte Generationen anerzogen wurden. (...) (M)üssen wir nicht mit einem allgemeinen »Nervenzusammenbruch« rechnen? Zum ersten Mal seit seiner Erschaffung wird der Mensch damit vor seine wirkliche, seine beständige Aufgabe gestellt sein: wie seine Freiheit von drückenden wirtschaftlichen Sorgen zu verwenden, wie seine Freizeit auszufüllen ist, ... damit er weise, angenehm und gut leben kann. (Keynes, 1930)

Auch hier ist die Lösung ein Schritt zurück nach vorn: Zunächst die Aufforderung, neu zu entdecken, wofür es sich wirklich zu leben lohnt. Dann aber auch die Erkenntnis, dass nicht Erwerbsarbeit, sondern jede Form menschlicher Tätigkeit uns als Person charakterisiert. Bereiten wir uns nicht rechtzeitig auf diese Zeit vor, werden Depression und Aggression in unserer Gesellschaft steigen.

Für all jene, die distanzlos mit ihrem Erwerbsarbeitsjob »verheiratet« sind und daneben nichts sehen, was ihnen Lebenssinn vermitteln kann, schlägt Welzer (2019) ein bedenkenswertes Übergangsmodell vor: Die schnellstmögliche Reduzierung von Arbeitszeit auf achtzig Prozent und die Verwendung der freigestellten Zeit auf ehrenamtlicher Tätigkeit (wobei der Staat die zwanzig Prozent Lohnausfall aus Steuermitteln ausgleicht). So würden Menschen mit anderen Tätigkeiten und Werten vertraut gemacht und lernten (hoffentlich) schätzenswerte Alternativen zu Betriebsamkeit, Einkommen und Konsum.

Wie auch immer: Noch verbleibende bezahlte Erwerbsarbeit muss in absehbarer Zeit unter den Menschen periodisch neu verteilt werden, sei es auf den Tag, die Woche, das Jahr oder auf das Leben hin gesehen. Schwierig ist dabei die Frage des Lohnausgleichs. Da in bestimmten Bereichen mit weniger Arbeit gleich viele Werte geschaffen werden, besteht kein Automatismus zwischen weniger Arbeit und weniger Lohn.

Eher stellt sich die Frage, wie das Einkommen in Bereichen, in denen Digitalisierung wenig zur Entlastung beiträgt, gesteigert werden könnte. Warum nicht auch durch Umverteilung von jenen mit »guter« an die mit »schlechter« Arbeit? Jene in »guter Arbeit« erhalten ja durch den Zugewinn an Freizeit, Weiterbildung und Sabbaticals ein Plus an Lebensqualität, den andere so nicht erfahren!

Keinesfalls dürfen Kapitaleigner und Arbeitgeber aus ihrer paritätischen Pflicht entlassen werden, die Sozialsysteme anteilig mitzufinanzieren. Schaffen sie Maschinen und Roboter an, die zur Entlassung von Arbeitnehmern führen, so müssen die damit einhergehenden Zahlungsausfälle an die Sozialversicherungssysteme durch höhere Besteuerung von Unternehmensgewinnen und Gewinnausschüttungen sowie neu zu erhebende Steuern auf eben jene Maschinen und Roboter ausgeglichen werden. Wie schwer aber die Erschließung neuer Steuerquellen ist, zeigt die bislang ergebnislose Rangelei zur Einführung einer Digitalsteuer.

Bei alldem darf die Sozialpartnerschaft nicht geschwächt werden, effektive Mitbestimmung muss gesichert bleiben. Die Neuverteilung und -vergütung von Arbeit, Entlassungen und erforderliche Unternehmensumgestaltungen dürfen nicht allein an Kapitalinteressen ausgerichtet werden, sondern müssen sozial- und gemeinwohlverträglich gestaltet werden. Wenn irgendwann aufgrund der Robotisierung kaum mehr Arbeitnehmer in den Betrieben sind, müssen andere Stakeholder deren Plätze einnehmen, um Kapital- und Eigentümerdominanz auszugleichen. Dies verlangt nach Überlegungen zu neuen Eigentumsformen (7.12).

Doch angesichts der großen Bandbreite von Arbeit jenseits von Erwerbsarbeit muss zunächst etwas viel Offensichtlicheres behandelt werden.

7.11 Grundeinkommen

Erstmals in der Menschheitsgeschichte besteht die Chance, jegliche Form menschlicher Arbeit finanziell zu honorieren: durch ein Grundeinkommen. Darüber hinaus wird das Grundeinkommen als Lösung für nationale und internationale Probleme, verursacht durch Armut, Arbeitslosigkeit, Ungleichheit, Digitalisierung usw., gesehen. Sogar der Papst ist dafür. Dennoch bin ich nicht begeistert.

Der Grund ist derselbe, den ich oben (7.1) bereits als Test für wirklich Richtungsweisendes angegeben habe, nämlich: Wer befürwortet es denn? Und bei diesen Befürwortern sind eine erstaunliche Menge neoliberaler Ideologen (Milton Friedman!) oder Konzernführer anzutreffen, die zudem gleich das gesamte erprobte soziale Fürsorgesystem abbauen und so gewonnene Einsparungen zur Finanzierung verwenden wollen. Wie überaus praktisch!

In der Tat ist das Grundeinkommen ein toller Vorwand für Arbeitgeber, sich vor angemessenen Löhnen, Steuern und anderen Gemeinwohlbeiträgen zu drücken – denn das wäre wegen des Grundeinkommens ja alles nicht mehr nötig! Das darf keinesfalls geschehen. Deshalb gelten für mich eine Reihe von Bedingungen, etwa:

- Arbeitgeber dürfen lokal und global nicht aus ihrer Verpflichtung zur Zahlung angemessener Mindestlöhne entlassen werden.

- Zur Grundeinkommensfinanzierung müssen progressiv-leistungsbezogene Steuern auf Einkommen und Vermögen herangezogen werden. Verbrauchsbezogene Steuern sind weniger gerecht und für Vermögende leicht zu umgehen.

- Sozialhilfe darf nicht abgeschafft werden, da es weiter Menschen in schwierigen Lebenslagen geben wird, die zielgenau nach Bedürftigkeit unterstützt werden müssen.

Verwaltungstechnisch könnte man ein Grund- oder Garantieeinkommen über das Finanzamt ohne großen Aufwand organisieren. Konkret: Statt Steuern und Abgaben einzuziehen, überweist das Finanzamt Geld an alle, deren Einkommen unterhalb eines bestimmten Betrags liegt. Eine schrittweise Einführung, beginnend bei armutsgefährdeten Gruppen, wäre möglich. Und natürlich wird es allerhöchste Zeit, dass die bislang selbstverständlich und kostenlos erbrachten Leistungen im Erziehungs- und Pflegesektor honoriert werden.

Last not least zwei Alternativen zum Grundeinkommen: Kai-Fu Lee schlägt ein Ehrenamtsstipendium vor, um jene zu unterstützen, die sich bislang oft unter Einsatz von persönlichem Einkommen und Rente für das Gemeinwesen engagieren. Und die Modern Monetary Theory befürwortet eine öffentliche Jobinitiative: Der Staat soll solche Jobs schaffen und (ko-)finanzieren, die sich für Privatinvestoren nicht »rechnen«, aber benötigt werden, um vorhandenen Krisen und Mangelberufen gezielt Rechnung tragen zu können. Etwa mit staatlichem Geld aufgestockte und somit besser bezahlte Jobs in der Altenpflege oder zum Einsatz in der Landschafts- und Umweltpflege (Kelton, 2020).

Im internationalen Kontext stellt sich zunehmend heraus, dass über die direkte Zahlung von Basic Income Grants an Bedürftige Armut eher verringert werden kann als über herkömmliche Entwicklungshilfe oder Mikrokreditprogramme. Experimente in Kenia oder Namibia zeigen, dass schon 2 US-Dollar pro Tag und Person sehr viel bewirken können.

7.12 Eigentum

> Woran krankt also der Kapitalismus? Er krankt nicht allein an seinen Auswüchsen, nicht an der Gier und dem Egoismus von Menschen. (...) Er krankt an seinem Ausgangspunkt, seiner zweckrationalen Leitidee und deren systembildender Kraft. Deshalb (kann) die Krank-

heit ... nur durch die Umkehrung des Ausgangspunktes (geheilt werden). An die Stelle eines ausgreifenden Besitzindividualismus, der das als natürliches Recht proklamierte potentiell unbegrenzte Erwerbsinteresse der Einzelnen, das keiner inhaltlichen Orientierung unterliegt, zum Ausgangspunkt und strukturierenden Prinzip nimmt, müssen ein Ordnungsrahmen und eine Handlungsstrategie treten, die davon ausgehen, dass die Güter der Erde, das heißt Natur und Umwelt, Bodenschätze, Wasser und Rohstoffe nicht denjenigen gehören, die sie sich zuerst aneignen und ausnützen, sondern zunächst allen Menschen gewidmet sind, zur Befriedigung ihrer Lebensbedürfnisse und der Erlangung von Wohlfahrt. (Böckenförde, 2008)

Diese ausführliche Einführung durch den ehemaligen hochangesehenen Richter am Bundesverfassungsgericht, Ernst-Wolfgang Böckenförde, ist deshalb wichtig, weil Folgendes für viele schlicht unvorstellbar ist: die dringend nötige Reform des Eigentumsrechts und die Gewährleistung einer besseren Nutzung der Allgemeingüter (Commons). Wie »krank« das Eigentumsverständnis geworden ist, zeigt, dass nur noch von Rechten und Ansprüchen die Rede ist und nicht mehr von Verantwortung, Pflichten und Haftung. Die Weltfinanzkrise machte es sichtbar: Gewinne wurden privatisiert, Verluste trug die Gemeinschaft. Ähnliches während der Coronapandemie: Konzerne kassieren Staatshilfe in Form von Kurzarbeitergeld und schütten zugleich die Dividenden aus.

Aus katholischer Sicht geht es bei Eigentum nicht primär um Besitz und Kontrolle, sondern um die Frage, wie das, was allen gehört, am besten für alle nutzbar gemacht werden kann. Dies wurde lange Zeit mit Privateigentum in Verbindung gebracht. Der Gang der Dinge zeigt aber: Irgendetwas läuft schief in der Welt. Wenn die natürlichen Lebensgrundlagen zerstört werden und »Eigentum, das Herrschaft über Sachen sein soll, zu einem Herrschaftsinstrument über Menschen« wird, muss der Staat eingreifen (Nell-Breuning, 1980, S. 201f).

Ideen dazu tauchen in altem oder neuem Gewand auf: Gerade im Bereich der Wirtschaft gibt es eine lebendige Diskussion um die Beteiligung an Eigentum, (Um-)Verteilung von Eigentum bzw. neue Eigentumskonzepte, die sich weder auf Kapitalismus noch Sozialismus reduzieren lassen. Auch hier ist einiges wieder einmal ein »Schritt zurück auf dem Weg nach vorn« (Genossenschaften), andere gewinnen an Bedeutung (Sozialunternehmen, Gemeinwohlökonomie, Verantwortungseigentum), wieder andere arbeiten sich im öffentlichen Bewusstsein langsam nach vorn (partial common ownership). Verantwortungseigentum bzw. »Gesellschaften mit gebundenem Eigentum« erfreuen sich wachsenden Rückhalts: 57 Prozent der Familienunternehmer befürworten die Einführung dieser Rechtsform, die Arbeitnehmer zu Miteigentümern werden lassen kann, ebenso Politiker sehr unterschiedlicher Couleur wie Friedrich Merz, Robert Habeck und Olaf Scholz. Bleiben noch Fondsmodelle, ähnlich dem Norwegischen Staats- oder dem Schwedischen Pensionsfonds: Neben den oben (7.2) schon erwähnten Erlösen aus einer substanziellen Erbschaft- und Schenkungsteuer könnten hier etwa auch Stille Teilhaberschaften einfließen, die im Zuge von staatlichen Rettungsbeiträgen in Krisenzeiten zustandekommen.

Angesichts der Verwüstungen, die Kapitalismus und Privateigentum an den Gemeingütern anrichten, ist die Frage dringlich, wie dieser Prozess am schnellsten und wirkungsvollsten gestoppt werden kann. Das Grundgesetz schützt Eigentum, aber nicht Privateigentum. Es erlaubt Enteignung und Vergesellschaftung, wenngleich um den Preis einer Entschädigung. Angesichts der angerichteten Schäden und der deshalb heraufziehenden Notlagen ist aber die Frage zulässig und angebracht, ob, wo und bis zu welchem Ausmaß Entschädigungsforderungen überhaupt noch zu rechtfertigen sind.

Dies gilt insbesondere für den Landbesitz. Der Umgang mit Land ist deshalb »ein wichtiger Schlüssel zur Großen Transformation der Nachhaltigkeit« (WBGU, 2020, S. 2), weil hier entscheidende Weichen zur Abbremsung von Klimawandel, Artensterben und Ernährungssicherheit gestellt werden müssen. Setzen sich aktuelle Klimatrends fort, werden weite Teile der Erde unbewohnbar und stehen zur Ernährungsgewährleistung der Menschheit nicht mehr zur Verfügung. Landgrabbing, der Aufkauf riesiger, fruchtbarer Landstriche durch Staaten und Konzerne, einhergehend mit der Vertreibung ansässiger Bevölkerung, wird zunehmen. Entstehende Monokulturen werden das Artensterben beschleunigen. Und bleibt Land ein sicheres Anlageobjekt für wenige, sinken die Aussichten auf erschwingliches Wohneigentum für viele.

Aber auch andere globale und natürliche Menschheitsgüter gehören der privatwirtschaftlich-kapitalistischen Ausbeutung entzogen: Arktis und Antarktis, Artenvielfalt sowie auf natürlichen Organismen aufbauende Patente, Meere, Atmosphäre/Luft, Wasser, Urwälder, Bodenschätze. Doch wie kann dies möglich werden? Von der ursprünglichen Commons oder Allmende-Tradition kann man nur bedingt lernen, da die dabei gepflegte soziale Regulierung von überschaubarer Größenordnung und gegenseitiger Bekanntschaft profitierte.

Eine Reihe von Optionen wird diskutiert: Verstaatlichung, Rückkauf, Aufkauf und Überführung in Stiftungen – oder die berühmte Stakeholder-Lösung: Ihr zufolge sollen sich alle (oder deren Delegationen), die ein bestimmtes Gut nutzen oder durch deren Nutzung geschädigt werden, an einen Tisch setzen und gemeinsam das Beste für alle überlegen. Der Haken ist, dass es bei solchen Gruppen stets jene gibt, die eloquenter sind und mehr zu sagen haben (etwa die Holzindustrie), und andere, die sich nicht so recht auskennen (etwa traditionelle Bewohner jener Wälder). Was tun Letztere, wenn sie dann doch über den Tisch gezogen werden? Die Freihandelsschiedsstellen zeigen, wie gekonnt Wirtschaftsakteure Rechte aushebeln und umgehen. Deshalb schlage ich auch hier den Schritt zurück nach vorn vor: Die Aufwertung der UN und in ihrem Rahmen völkerrechtlich verbindliche Verträge mit staatlicher Durchsetzung und Sanktionierung von Verstößen sowie einer Kontrolle durch Gerichte und demokratisch legitimierte Parlamente.

Aber es gibt weitere Probleme, hier nur die drei wichtigsten. Zuerst die Frage: Wem gehört das Internet? Darf es ein Internet der zwei Geschwindigkeiten geben? Wer kontrolliert das Internet? Bislang bedienen sich die Tech-Giganten und Staaten mehr oder weniger ungehindert am »Datenrohstoff« und nutzen dies in ihrem Interesse aus. Der Datenschutz für diesen »Rohstoff« ist löchrig, Entgelte werden nicht oder nur teilweise gezahlt, Steuern und Gebühren sind lächerlich, Regulierung und Kontrolle unmöglich. Es ist absolut dringend, dass Informations- und Kommunikationstechnologie Teil der öffentlichen Daseinsvorsorge wird, die gleiche Rechte und Pflichten aller Nutzer sicherstellt, und dass digitale Bildung, Menschenrechte und Gemeingüter für das digitale Gemeinwohl aller definiert werden.

Das zweite Problemfeld: kulturell-traditionelles Eigentum. Wem gehört traditionell gemeinschaftlich besessenes Land? Diesen Konflikt habe ich persönlich in Belize miterlebt. Dort machten Holzbaufirmen den Maya-Indianern meines Pfarreigebiets ihre Landrechte streitig nach dem Motto: »Das gehört doch niemandem!« Es gab schlicht keine Eigentümerurkunden. Ähnliches Landgrabbing in großem Stil geschieht in Afrika. Eine andere Frage in dieser Thematik: Wem gehören traditionelle Saatgüter, Zucht- und Anbaumethoden, die über Jahrhunderte in Gemeinschaften entwickelt wurden? Kann ein Pharma- oder GenTech-Konzern einfach daherkommen, den Menschen ihr traditionelles Wissen gegen eine symbolische Anerkennung abluchsen, nur um ihnen hinterher ihr eigenes Erzeugnis überteuert zurückzuverkaufen? Ist es überhaupt zulässig, Patente auf Leben (Pflanzen, Tiere) zu vergeben oder ist das Biopiraterie? Wer entscheidet, wie lange geprüft werden muss, bis ausgeschlossen werden kann, dass eine Neuentwicklung jenseits eines kurzen Nutzens schädlich ist?

Dies führt uns zum letzten Punk: intellektuelles Eigentum. Das betrifft beispielsweise Nutzungsrechte an jenen technikbasierten Patenten, die für eine soziale und ökologische Transformation bei Digitalisierung, Künstlicher Intelligenz, Maschinen usw. mittelfristig von Bedeutung sind, aber auch unmittelbar Überlebenswichtiges, dessen Patentierung vor einigen Jahren noch undenkbar schien. Etwa Lebensmittel, die mithilfe der Genschere CRISPR/Cas erzeugt werden, oder medizinische Produkte wie Impfstoffe. Was den Reichen und Mächtigen einst mithilfe der »Umzäunungsgesetze« bei der Umwandlung gemeinschaftlichen Landbesitzes (*commons of the land*) in Privateigentum gelang, wiederholt sich mithilfe von Patenten bei der Privatisierung und Kommerzialisierung von Früchten gemeinschaftlicher »Geistesanstrengungen« (*commons of the mind*).

Die Auseinandersetzung um Corona-Impfstoffe hob das Problem ins breitere Bewusstsein: Im Oktober 2020 beantragten Indien und Südafrika, die Patentrechte auf Impfstoffe und deren Produktionstechnik bis zum Ende der Pandemie auszusetzen. Die WTO-Verträge sehen so etwas in Artikel IX sogar vor. Dort heißt es, dass unter »außergewöhnlichen Umständen« Patentrechte zeitweise ausgesetzt werden können. Trotz Unterstützung einer wachsenden Mehrheit von Staaten, UN-Institutionen, NGOs, Religionsführern und Millionen Einzelbürgern war dieser Konflikt bei Drucklegung dieses Buches noch nicht entschieden – nicht zuletzt aufgrund der Blockade Deutschlands, welches die Interessen der Pharmaindustrie verteidigte und nach dem Einlenken der USA eine Neupositionierung der Europäischen Union verhinderte. Wenn aber nicht einmal die globale Pandemie ein »außergewöhnlicher Umstand« ist, um Gemeinwohl über Profit zu stellen, was dann?

7.13 Energiewende

Energiegewinnung ist ein zentraler Beitrag zum Klimawandel, entsprechend liegt hier auch ein Schlüssel zur Lösung. Schon 2017 entsprach der Energieverbrauch allein des Internets dem des sechstgrößten Staates der Welt, Tendenz steigend, etwa aufgrund der Nachfrage nach Online-Konferenzen, E-Autos oder Klimaanlagen durch heißere Sommer. Es wäre also von sehr großer Bedeutung, den Energieverbrauch zu senken.

Dies gilt umso mehr, da man mit Atom- oder fossilen Kraftwerken auf kleinerem Raum deutlich mehr Energie erzeugen kann als mit Wind- oder Sonnenenergie, für die sehr große Flächen genutzt oder gar versiegelt werden müssen. Zudem ist angesichts der Fluktuation von Wind und Sonne unklar, welche Speichermedien zwischen Erzeugung und Bedarf eine verlässliche Brücke schlagen können. Und bei alledem haben wir noch nicht über den wachsenden Energiehunger der Entwicklungsländer gesprochen. Hierzu finde ich viel zu wenig Literatur jenseits der Hoffnung: »Das bekommen wir schon in den Griff!«

Immerhin rückt das Ärgernis der Verteilung steuerfinanzierter Subventionen zunehmend in den Blick. Und das ist gut so, weil auch dies eine der sechs gesellschaftlichen Kippinitiativen ist (siehe 6.7). Alle Wissenschaftler, selbst der europäische Verbund der Wissenschaftsakademien, sehen eine »besondere Dringlichkeit« für einen sofortigen Stopp jeglicher Förderung jeglicher fossiler Energien und deren Umlenkung in den Bereich der regenerativen Energien. Dabei geht es um große Beträge: allein in Deutschland sind dies je nach Berechnungsgrundlage zwischen 27 Milliarden US-Dollar und 37 Milliarden Euro pro Jahr.

Wie schnell Dinge sich ändern können, zeigt die Entscheidung der G7 vom 21. Mai 2021: Schon zum Jahresende sollen Zuschüsse für herkömmliche Kohlekraftwerke eingestellt werden. Zwar gibt es eine Hintertür für Hochtechnologielösungen, diese dürften aber auf Dauer unverhältnismäßig teuer sein. Damit steigt der Druck auf Länder, die immer noch auf Kohle setzen, ebenso wie auf die Weiterverwendung anderer fossiler Brennstoffe wie Gas und Öl. Auch bewirkte die im Mai 2021 eingeleitete Abkehr der einflussreichen Internationalen Energie Agentur von fossilen Energien umgehend Veränderungen im Verhalten von Investoren.

Zur Verminderung von CO_2-Ausstoß wird von vielen der Handel mit Verschmutzungsrechten als marktwirtschaftliches Instrument bevorzugt: Diese werden zunächst an alle Firmen verteilt, dann können jene, die Verschmutzung zurückfahren, ihre nicht benötigten Rechte an solche verkaufen, denen das noch nicht gelingt. Gleichzeitig haben die Noch-Verschmutzer einen Anreiz, dies zu ändern und sich künftig diesen Zukauf zu ersparen. Dieses System ist aber höchst mangelhaft: Es ist betrugsanfällig, attraktiv für preistreibende Spekulanten, und es gibt viel zu viele Ausnahmen für große Verschmutzer.

Und: Zwar stieg laut Weltbank der Anteil an globalen Treibhausemissionen, die der Zertifikatehandel erfasst, von 15,1 Prozent in 2020 auf inzwischen 21 Prozent, aber selbst dies ist deutlich zu wenig. Deshalb muss dieses System, soll es wirklich funktionieren, ausgeweitet, Ausnahmen ausschließen und kontrolliert umgesetzt werden. Alternativ (für manche ergänzend) ist der Vorschlag, Energieverbrauch durch den Aufschlag einer CO_2-Steuer zu verteuern.

Freilich: Angemessen wäre bei der Bepreisung nicht der von der Bundesregierung angesetzte Zuschlag von 25 Euro pro ausgestoßene Tonne CO_2, sondern 180 Euro, wie vom Umweltbundesamt befürwortet – und zwar sofort. Weil aber gerade hier Haushalte mit niedrigem Einkommen kaum Ausweichmöglichkeiten haben, sind für sie angemessene Unterstützungen wichtig, um Protesten wie denen der Gelbwesten in Frankreich keinen Nährboden zu geben.

Wie zentral Experten die Bedeutung von Energieerzeugung bei der Transformation einschätzen, zeigt, dass sie hier noch eine weitere der in 6.7 erwähnten gesellschaftlichen Kippinitiativen verorten. Die Frage nämlich, ob Energieversorgung und -transport künftig weiter zentral oder eher dezentral organisiert werden soll. Gerade Deutschland zeigt, dass hier eine Wende möglich ist, weg von Monopolisten, zurück zur Rekommunalisierung, ja hin zur dezentralen Energieerzeugung und -versorgung durch einzelne Haushalte – ein wichtiger Punkt für die Widerstandsfähigkeit dieses Schlüsselelements der Transformation. Zudem sehen Wissenschaftler heute selbst bei bisherigen Monopolisten deutliche Trends, »voll auf erneuerbare Energien (zu setzen). Sie wissen, dass es in Zukunft eine dezentrale, auf erneuerbaren Energien basierende Strom- und Energieerzeugung geben wird. Sie wissen, dass es prosumer-basierte Speicherlösungen kombiniert mit dezentraler Solarenergie samt Wärmespeicher geben wird« (Kemfert, 2019). Dadurch kann man auch das Problem von Beinahe-Blackouts besser in den Griff bekommen.

Und noch ein persönlicher Tipp: Was mich bei der Messung meines persönlichen Ökologischen Rucksacks am meisten beeindruckte, war mein Energieverbrauch über Heizung und Warmwasser. Und was es ausmacht, die Heizung um nur ein Grad herunterzudrehen und stattdessen einen Pullover (mehr) anzuziehen. Probieren Sie es aus!

7.14 Verkehrswende

Ca. 14,5 Milliarden Euro der im vorigen Kapitel erwähnten 37 Milliarden Euro Fossil-Subventionen fließen in den Verkehr, hinzu kommen staatliche Gelder für Abwrack-/Neukauf-/Modernisierungs-/Umwelt-/Umstiegsprämien oder Pendlerpauschalen. Und dann gibt es noch jene Selbstverständlichkeiten, die gar nicht mehr als Subvention erkannt werden, etwa das Dienstwagenprivileg. Hier gilt: Je größer und je teurer, desto mehr lässt sich einsparen. Im Übrigen illustriert das Dienstwagenprivileg ähnlich wie das Dienstmädchenprivileg, wie viele offene und verdeckte Entlastungen es in Deutschland immer noch für jene gibt, deren finanzielle Situation dies nicht pauschal rechtfertigt.

Auch bei der Verkehrswende kann mit Steuern vieles umgesteuert werden, etwa durch KfZ-Steuern, deren Höhe sich an Gewicht, Größe und Verbrauch von Autos orientiert, oder durch Einführung höherer Parkgebühren in Innenstädten. Diese Einnahmen könnten umgehend in umweltfreundliche Mobilitätskonzepte fließen. Darunter verstehe ich allerdings weder Elektroautos und schon gar nicht Hybrid-Autos. Letztere sind eine verführerische Mogelpackung, erstere verbrauchen zumindest aktuell zu viele Rohstoffe, deren Abbau nach Aussagen unserer Jesuitenmissionspartner in vielen armen Ländern unvertretbare humanitäre, soziale und ökologische Probleme schafft.

Deshalb setze ich auf die Förderung von Car-Sharing oder den massiven Ausbau des öffentlichen Personennahverkehrs – auch auf dem Land. Während ich Bio-Fuels wegen der damit oft einhergehenden Monokulturen als absolute Sackgasse ablehne, könnten synthetische Treibstoffe (sofern in verbrauchsarmen Zeiten aus sonst überschüssiger Energie gewonnen) umgehend fossilen Treibstoffen beigemischt werden und so zumindest überbrückungsweise den Schadstoffausstoß sofort senken.

Erfreulich sieht es sodann bei der Erprobung und dem Einsatz von wasserstoffbetriebenen Zügen, Lastern, Schiffen und Flugzeugen aus. Damit Wasserstoff vermehrt durch regenerative Energie hergestellt werden kann, sollte der Ausbau von bereits angestoßenen Kooperationsprojekten in Afrika erwogen werden, wo es an Sonnenenergie nicht mangelt.

Der Flugverkehr schließlich ist ein besonderes Problem, weil dieses Verkehrsmittel nur von vergleichsweise wenigen Menschen genutzt wird, dafür aber Klima und Umwelt überproportional schädigt. Gerade deshalb brauchen wir auch hier endlich Preise, die diese Schädigungen abbilden, etwa mit Aufschlägen auf Kurzstreckenflüge, Start- und Landegebühren oder einer deutlich höheren Kerosinsteuer. Zum Argument, dies sei aufgrund internationaler Verträge nicht möglich, siehe 8.2.

Abschließend hoffe ich sehr, dass die während der Coronapandemie gewonnenen Erfahrungen mit digitalen Besprechungen, Webinaren, Seminaren, Vorlesungen und vielem mehr Auswirkungen auf das Reiseverhalten behalten werden.

7.15 Landwirtschaftswende

Das Stichwort Monokulturen für Bio-Fuels führt zur Landwirtschaftswende. In der Landwirtschaft werden je nach Berechnungsgrundlage zwischen 14,5 Prozent und 32 Prozent der weltweiten Treibhausgase erzeugt, insbesondere in der Fleischproduktion. Hier liegt daher ein Schlüssel für den Umgang mit Klimawandel, Artenschutz und Ernährungssicherheit.

Daher möchte ich an dieser Stelle endlich das bislang vermiedene und höchst unpopuläre »V«-Wort ansprechen: Verzicht, und ein Plädoyer für die Reduzierung des Fleischkonsums, dessen Anstieg häufig als Bestandteil eines sozialen und kulturellen Aufstiegs zu beobachten ist. Abgesehen davon, dass fleischärmere Ernährung schmackhaft und gesund ist, scheint mir, dass hier ganz besonders das Bewusstsein für eine Güterabwägung geschärft werden muss: Schnitzel oder Klima. Es ist in der Tat so einfach. Natürlich gilt auch hier die Notwendigkeit, ökologische Erfordernisse sozial abzufedern, denn viele Haushalte mit niedrigem Einkommen haben aktuell gar keine Alternative zum Billigfleisch des Discounters.

Hinzu kommt, dass eine nachhaltig und maßvoll betriebene Landwirtschaft nicht nur das Abholzen von CO_2-abbauenden Wäldern vermeidet, sondern auch viele Schadstoffe im Boden bindet. In der Tat ist die Klimakatastrophe nur vermeidbar, wenn neben der Reduktion von CO_2-Ausstoß auch Wege zur Rückbindung des bereits ausgestoßenen CO_2 beschritten werden.

Hierfür sind Aufforstung und andere Formen von Renaturierung der Königsweg, da sie auch andere ökologische Mehrgewinne garantieren und deshalb allen risikobehafteten Hochtechnologielösungen wie Carbon Capture und Storage – der Luft wird mit technischen Mitteln dort vorhandenes CO_2 entzogen und dann im Boden eingelagert – vorzuziehen sind. Zudem sollte das Bauen mit Holz gefördert werden, um den Energieverbrauch und CO_2-Ausstoß durch Zementherstellung zu senken. Zentral für die Abbremsung des Artensterbens ist die Ausweisung jener Ökosysteme als Schutzgebiete, die von indigenen Bevölkerungen bewohnt werden und deshalb von intensiven Bewirtschaftungsformen verschont geblieben sind.

Inzwischen ist anerkannt, dass von industriell betriebener Landwirtschaft zur kleinteiligeren Bewirtschaftung umgesteuert werden muss. Es gilt also einen Trend umzukehren, der durch die bisherige EU-Subventionspolitik – einen Topf mit ca. 50 Milliarden Euro pro Jahr – gefördert wurde. Im Rahmen des von Ursula von der Leyen ausgerufenen Green Deals versuchte die EU ein solches Umsteuern. Die Kommissionsvorlage für die gemeinsame Agrarpolitik der nächsten Jahre enthielt den Vorschlag, Zuschüsse unabhängig von der Betriebsgröße zu deckeln, Auflagen zu Renaturierung, Artenschutz, Fruchtfolge sowie weitere »Eco Schemes«, die in die richtige Richtung geführt hätten. Aber: Den mächtigen Agrarlobbys gelang es, die Vorschläge in den Kommissionplänen über die Regierungen der EU-Mitgliedsstaaten dramatisch zu verwässern. Dennoch gilt, dass zielführende Ideen auf dem Tisch liegen. Es hängt also auch hier von Zivilgesellschaft und Verbrauchern ab, wer sich letztlich durchsetzen wird.

Abschließend lohnt der Hinweis auf das von Papst Franziskus befürwortete Lernen von bislang als rückständig belächelten Kulturen: Die »Weisheit der Völker« kennt in der Landwirtschaft Wege und Mittel, die durch Monsanto und Co. noch nicht verdrängt werden konnten, weil sich Länder wie Sambia erfolgreich dagegen gewehrt haben. Permakultur-Anbaumethoden etwa erzeugen nicht nur Nahrung, sondern bewahren die Fruchtbarkeit von Böden ebenso wie die Artenvielfalt in Flora und Fauna.

Weiteres müsste hier behandelt werden, aber es fehlt der Platz: Über-, Unter- und Fehlernährung, angemessene Bepreisung von »Ökosystemleistungen«, Verschmutzung des Grundwassers, Anfälligkeit herkömmlicher Saaten und Anbauarten für den Klimawandel oder Schädlinge mit sinkenden Ernteerträgen trotz Dünger und Pestiziden, Wandel im Umgang mit Grünflächen innerhalb von Städten ...

Last not least: Natur und Evolution haben Jahrtausende entwickelt und getestet, was uns bekömmlich ist. Diesem Urteil sollten wir vertrauen und große Vorsicht gegenüber all jenen walten lassen, die uns immer neue gentechnisch manipulierte Dinge aufschwatzen wollen. Der Druck durch erwartete Steigerungen bei Shareholder Values darf keine umfassende Prüfung von Risiken und Nebenwirkungen verhindern – sonst gilt erneut: Gewinne werden privatisiert, Gesundheitskosten vergemeinschaftet.

7.16 Finanzierung und Sicherung der Transformation

»Nach der Corona-Krise müssen wir erst die Wirtschaft wieder zum Laufen bringen, bevor wir andere Aufgaben finanzieren können«, bekomme ich oft zu hören. Nun: Die soziale und ökologische Transformation kann an vielem scheitern – mit Sicherheit aber nicht an fehlendem Geld. Einige haben an der Corona-Krise sehr gut verdient, weshalb selbst der IWF in seinem Fiscal Monitor 2021 für diese einen steuerlichen Solidaritätsbeitrag vorschlägt.

Es gibt genug Geld in dieser Welt – es ist nur ungerecht verteilt. Unverhältnismäßig viel konzentriert sich zunächst in den reichen Staaten dieser Welt, sodann aber beim Top-Ein-Prozent von Privatpersonen und Betrieben, die ebenfalls zu einem großen Teil in den reichen Staaten dieser Welt ansässig sind. Diese hätten ihren Wohlstand nicht, wenn sie nicht seit Jahrhunderten Naturgüter billigst genutzt und verschmutzt hätten. Deshalb fordern arme Länder zu Recht von den reichen das Schultern eines entsprechenden Anteils gemäß ihrer historischen Verantwortung – was diese wiederum ablehnen.

Und: Viel Geld ist gut versteckt. Viele Reiche des Top-Ein-Prozent entziehen sich ihrer Verantwortung durch trickreiches Verschieben und Verstecken ihrer Vermögen in Steueroasen. Dort wird eben nicht alles zu weiterer »produktiver Verwendung« durchgeleitet, sondern vieles liegt wirklich einfach nutzlos herum. Datenlecks und Studien erhärten Schätzungen, dass es sich um ca. sechs Billionen US-Dollar handelt, von denen drei Viertel nicht besteuert werden. Der IWF erachtet es als realistisch, dass den Staaten der Welt auf diese Weise nach den geltenden, viel zu niedrigen Steuersätzen jährlich fünfhundert bis sechshundert Milliarden US-Dollar an Einnahmen entgehen. Und jetzt stelle man sich zusätzlich vor, man könne das Top-Ein-Prozent der höchsten Einkommen und Vermögen entsprechend dem Prinzip der Leistungsfähigkeit besteuern!

Da ich zu Steuern schon viel gesagt habe (Alt, 2020b), hier deshalb lediglich zusammenfassend meine acht »U-Turns« (Kehrtwenden), also jene Dienste, die Steuern und Steuerverwaltungen bei der sozialen und ökologischen Wende leisten können:

1. **Unterbinden** von gemeinwohlschädlichem Verhalten, etwa Steuerhinterziehung, Vermögensverlagerung, Korruption, Geldwäsche (siehe 7.3).

2. **Umlenken** von öffentlichen Geldern, insbesondere Subventionen (siehe 7.13 und 7.14).

3. **Umverteilung** und Verringern von Ungleichheit, zusammen mit dem

4. **Umkrempeln** der Entscheidungsmacht (siehe 7.2).

5. **Umsteuern**: schädliches Verhalten im Wirtschaftsablauf durch Lenkungssteuern verteuern,

zugleich der Transformation Förderliches unterstützen (siehe etwa 7.7, 7.9, 7.13).

6. **Unterstützen**: soziale Sicherungssysteme bzw. Garantie-/Grundeinkommen durch neue Steuerquellen bezuschussen (siehe 7.11).

7. **Unabhängigkeit** sichern, durch Zölle und eine Grenzausgleichssteuer (siehe 7.7, 7.9).

8. **Uminvestieren**: Droht ausgeschütteten Unternehmensgewinnen sehr hohe Besteuerung, erhöht dies den Anreiz, die Gelder stattdessen nach sozialen und ökologischen Kriterien neu zu investieren. Dies wiederum kann durch staatliche Anreize (Bürgschaften, Versicherung, Kofinanzierung) zusätzlich gefördert werden.

Natürlich gibt es noch weitere Optionen, die Transformation zu finanzieren: absehbar profitables Investieren, öffentliche Schuldenaufnahme, die »Hebelung« (Leveraging) oder Versicherung privater Investitionen mit öffentlichen Geldern, Mischfinanzierungen (PublicPrivatePartnerships), Crowdfunding ... Aber all dies auszuführen, würde hier zu weit gehen.

Aus aktuellem Anlass sei an den Zusammenhang zwischen Steuern und Demokratisierung erinnert: Eine Steuer auf Tee wurde zur Geburtsstunde der amerikanischen Demokratie. Würden Menschen stärker am Ausgeben ihrer Steuergelder beteiligt, würde dies weltweit die Bindung an Demokratie erheblich festigen. Neben dem bereits erwähnten »participatory budgeting« (siehe 6.6) gibt es auch andere zeitgemäße Vorbilder und Vorschläge.

7.17 Institutionen des Wandels: Städte und Regionen

Für viele mag überraschend sein, dass unter den gesellschaftlichen Kippinitiativen nicht Staaten, sondern Städte aufgeführt werden, und zwar CO_2-neutrale Städte. Dabei ist das im wahrsten Sinne nahe-liegend. Auch dieses Buch plädiert ja dafür, nicht auf einen Masterplan für die Welt zu warten, sondern loszulegen und zu experimentieren, was möglichst schnell verbessert werden kann. Insofern sind Städte und Regionen exzellente Testlabore. Was sich hier bewährt, kann anderswo leicht übernommen werden – und umgekehrt. Dem entspricht das auf engem Raum organisierbare Veränderungspotenzial:

»Städte verbrauchen heute 70 Prozent der Energie- und sonstigen Ressourcen und produzieren in ähnlichem Ausmaß Abfälle und Emissionen« (Welzer, 2019). Dabei sind sechzig Prozent der Städte/Stadterweiterungen, die bis 2030 bewohnt sein werden, noch nicht einmal geplant und gebaut! Hier dürfte also »der wirkmächtigste Prozess sozialen Wandels des 21. Jahrhundert« stattfinden und »in den Städten wird sich entscheiden, ob die Große Transformation gelingt« (WBGU, 2016).

Was es ausmacht, wenn Menschen auf lokaler Ebene einfach loslegen, zeigt der Blick auf die USA. Trotz des Ausstiegs von Donald Trump aus dem Pariser Abkommen sind die USA auf dem Weg, Klimaziele zu erfüllen. Dass dem so ist, liegt an den Selbstverpflichtungen von Städten, Regionen, örtlichen Wirtschaftsunternehmen und Universitäten im Bündnis *www.wearestillin.com*.

Auch in Deutschland gibt es viele Kommunen, die sich aufmachen, das zu tun, was sie tun können. Nürnberg möchte ich besonders hervorheben. Den hiesigen FridaysForFuture ist in Zusammenarbeit mit ScientistsForFuture die Entwicklung eines deutschlandweit einzigartigen Konzepts zu den Transformationsmöglichkeiten einer Kommune gelungen, welches seither Stadt- und Staatsregierung beschäftigt. Damit der Freistaat Bayern Handlungsspielräume von Nürnberg und anderen Kommunen erweitert bzw. sich selbst der Transformation verpflichtet, reichte ein breit getragenes Bündnis die Petition »Bayernplan zur sozialen und ökologischen Transformation« ein, die vom Landtag unterstützt und gewürdigt wurde. Nicht zu unterschätzen ist sodann: Wenn sich eine Stadt auf den Weg macht, hat dies Folgen für Umland und Region. So wird zu sehen sein, was die Entscheidung des Nürnberger Stadtrats zur Einführung des 365-Euro-Tickets oder das von einem Volksbegehren angeschobene nachhaltige Mobilitätskonzept für den weiteren regionalen Verkehrsverbund bedeutet.

Ach ja, das Geld: Achtzig Prozent der öffentlichen Auftragsvergabe, die in Deutschland jährlich bei ca. fünfhundert Milliarden Euro liegt, läuft über Bundesländer und Kommunen. Hier gelten europarechtliche Vorgaben, die bereits gelockert wurden, um die Einbeziehung von Kriterien jenseits des Billigstanbieterprinzips zu ermöglichen. Es muss aber noch weiter gearbeitet werden, denn regionales Geld sollte in der Region verbleiben und die regionale Wirtschaft fördern. An dieser Stelle sei an die in 7.7 bereits angesprochenen Regionalwährungen erinnert: Inzwischen gibt es auch hier bereits eine Fülle von Erfahrungen im Austausch regionaler Güter und Dienstleistungen, in Deutschland etwa mit Regiogeld oder dem »Chiemgauer«, in der Schweiz mit dem weltgrößten Tauschring, dem WIR-System.

Und noch etwas Globales zum Lokalen: Angesichts der faktischen globalen Vernetzung spricht vieles dafür, städtisches Umland heutzutage global zu verstehen. Deshalb sollte bei städtischen Entscheidungen stets auch das Wohl von Bürgern bzw. nachhaltiger Entwicklung weltweit bedacht werden. Dies berührt Fair-Trade-Einkauf ebenso wie Städtepartnerschaften, Verwaltungspatenschaften oder die Frage kommunaler Geldanlagen.

7.18 Institutionen des Wandels: Staaten

Von Staaten war schon viel die Rede, aber ich möchte noch einmal betonen, dass ich Rechtsstaaten mit demokratischer Beteiligung und Kontrolle meine. Natürlich kann man wie in China autokratisch Umweltziele von oben verordnen. Bezieht man aber Menschen nicht ein, verhindert dies kreatives Mitdenken, werden Bestimmungen unterlaufen und steht selbst ein Koloss auf tönernen Füßen. Zugleich braucht es, wie vorstehend oft verdeutlicht, mehr als den vom Neoliberalismus geforderten »Nachtwächterstaat«, der sich möglichst aus Markt und Wirtschaft heraushalten sollte. Auf die Balance kommt es an!

Zunächst folge ich jener Auffassung, nach der Staaten tolerant, aber nicht neutral sein dürfen. Gerade in Zeiten des wiederaufflammenden Rassismus, Nationalismus und Populismus sowie den Verzögerungen, die sich daraus für die erforderliche Umgestaltung ergeben können, müssen staatliche Institutionen auf der Grundlage völkerrechtlicher Verpflichtungen und der Werte ihrer Verfassungen jenen, die andere Werte vertreten bzw. Toleranz einfordern, wo sie selbst intolerant sind, entgegentreten – auch mit Mitteln des Strafrechts. Dazu gehört auch (besserer) Schutz für all jene, die sich für die Verteidigung dieser Werte einsetzen.

Die wichtigsten völkerrechtlichen Verträge werden heute immer noch zwischen Staaten abgeschlossen, so auch die beiden Meilensteine aus dem Jahr 2015: die Nachhaltigen Entwicklungsziele und das Pariser Klimaabkommen. Entsprechend bleiben Staaten Anfangsadressat bei allen Fragen der Umsetzung, inklusive der Bekämpfung von Hindernissen, die sich in den Weg stellen. Etwa dort, wo die Marktwirtschaft zur Machtwirtschaft verkommen ist: Märkte funktionieren dann gut, wenn Marktteilnehmer über gleiche Informationen und Aktionsmöglichkeiten verfügen. Dominieren Akteure wie Blackrock oder die als GAFAs bekannten Tech-Konzerne Google, Apple, Facebook und Amazon das Geschehen, dann fordern nicht nur die Katholische Soziallehre, sondern auch ordo- oder marktliberale Theorien die Zerschlagung solcher Monopole. Wer aber, wenn nicht Staaten, sollte dies durchsetzen? Nick Clegg jedenfalls, der Cheflobbyist von Facebook, wird jetzt schon nervös angesichts der Diskussionen, die EU-Kommission und Parlament sowie US-Kongress hierzu führen.

Es mögen ja all jene Recht haben, die, aufbauend auf dem demokratischen Internet und der weltweiten Kooperation von Prosumern Staaten ablehnen, weil sie eine neue politische Ordnung heraufziehen sehen. Auch mich stimmt hier vieles hoffnungsvoll, weshalb auch ich mittelfristig für einen Umbau von Governance-Strukturen plädiere – insbesondere für eine stärkere Mitbestimmung von Städten. Aber aktuell steht vieles auf Messers Schneide – etwa die Netzneutralität. Deshalb sollten vor lauter Begeisterung angesichts zukünftiger Möglichkeiten nicht jene Gefahren der Gegenwart übersehen werden, die diese Zukunft verhindern können. Entsprechend gilt Churchills Diktum unvermindert: Der demokratische Rechtsstaat von heute mag nicht perfekt sein, aber er ist die beste von allen schlechten Alternativen, die bereits versucht wurden.

7.19 Institutionen des Wandels: Europäische Union

Wobei die Europäische Union vielleicht ausgenommen werden sollte: Dieser weltweit einzigartige supranationale Zusammenschluss ist der Versuch, in einem größeren Maßstab Gutes an Markt und Staat synergetisch zu steigern und zu bündeln. Und dies, wie vorstehend immer wieder gezeigt, gelingt auch oft. Aber leider gibt es zwei Makel.

Zunächst das demokratische Defizit, welches dem Europäischen Einigungsprojekt von Anfang an anhaftet. Und: Ursprüngliche Gründungswerte wurden unter neoliberalen Einflüsterungen im Maastricht-Vertrag verdrängt, weshalb wir starke Defizite in den Bereichen Arbeit, Soziales oder Umwelt haben. Soll deshalb die Idee des europäischen Zusammenschlusses gestärkt und für die Bürger attraktiver werden, müssen diese beiden Defizite dringend angegangen werden – Visionen, Publikationen und Petitionen hierzu gibt es genügend.

Ich erinnere an die besondere Verantwortung von Christen und Kirchen. Am Anfang der europäischen Idee standen mit Adenauer, de Gaulle, de Gasperi, Schuman usw. viele überzeugte Christen. Soll Europa also vorankommen, hilft hier ebenfalls der berühmte Schritt zurück, um dann neu durchstarten zu können – auch und gerade angesichts populistischer Bestrebungen, die das »christliche Abendland« in ihrem Sinn umzudeuten suchen. Dies gilt auch und gerade angesichts des Einflusses, den Kirchen in den östlichen EU-Mitgliedsstaaten haben. Dort darf sie sich nicht länger auf Fragen individueller Moral wie Abtreibung oder gleichgeschlechtliche Partnerschaften konzentrieren, sondern muss das sozial-strukturelle Erbe der Katholischen Soziallehre mit gleichem Eifer lehren und verbreiten.

Es ist meine große Hoffnung, dass Erfahrungen wie die Corona-Krise, die Regierungszeit von Donald Trump und der Brexit die BürgerInnen Europas wachgerüttelt haben, sodass sie realisieren, welches Potenzial in einem einigen Europa steckt, das in Bezug auf die soziale und ökologische Transformation Maßstäbe setzt und die Umsetzung vorantreibt. Und dass sie und ihre Regierungen endlich bereit sind, einen kleinen Preis bei Einnahmen und Macht zu zahlen, um großen Gewinn für die Menschheit zu ermöglichen.

Mein Traum ist ein selbstbewusstes Europa, welches sich gegen Ausspionierung und Erpressung durch Autokraten ebenso wehrt, wie es mit Grenzausgleichssteuern oder Zöllen gegen unfairen Wettbewerb vorgeht, zugleich aber seine Hand all jenen reicht, die auf der Grundlage gemeinsamer Werte mit Europa zusammenarbeiten wollen. Europas Einfluss in der Welt kann wachsen, und viele erwarten, dass Europa die Führung übernimmt:

> Schlüsseldeterminanten dafür werden die Zahl und Qualität bi- und multilateraler Beziehungen sein. Einfluss wird eher durch Handelsbeziehungen und Entwicklungshilfe ausgeübt als durch wirtschaftliche Macht, eher durch Waffen- und Technologietransfer als durch militärische Ausgabenbudgets. Ähnlich wird die Mitgliedschaft in internationalen Organisationen und Allianzen ebenso ein Bonus sein wie die Anschlussfähigkeit an neue Technologien. Soft Power und die Fähigkeit, andere zu inspirieren, wird an Bedeutung zunehmen. Dies bedeutet, dass Werte nicht unmodern werden und Staaten mit gemeinsamen Werten zueinanderstreben werden. (ESPAS, 2019, S. 19f, eigene Übersetzung)

7.20 Institutionen des Wandels: die Vereinten Nationen

Ich mag keine Spekulationen über Weltparlamente oder neu zu schaffende Weltautoritäten. Wie in Bezug auf das Problem der globalen Gemeinschaftsgüter angesprochen (siehe 7.12), gilt bei dem anzusetzen, was wir haben: den Vereinten Nationen. Hier gilt es zu schauen, wie wir dieses Rahmenwerk reformieren und verbessern können. Dabei ist auffällig, dass arme Länder die Vereinten Nationen schätzen und stärken möchten, reiche Nationen sie eher mit Lippenbekenntnissen loben, ansonsten aber ihre Interessen gnadenlos durchsetzen – siehe Juli 2015 in Addis Abeba, als es um die Finanzierung der nachhaltigen Entwicklungsziele ging, oder das auffällige Trödeln dabei, den im Pariser Klimaabkommen zugesagten Klimafolgenfonds für arme Länder mit jährlich einhundert Milliarden US-Dollar zu füllen.

Stichwort nachhaltige Entwicklungsziele: Es darf nicht vergessen werden, dass die Weltgemeinschaft sich 2015 mit diesen siebzehn Zielen neben dem Pariser Klimaabkommen ein weiteres ambitioniertes Programm für die kommenden Jahre gegeben hat. Einige davon überlappen sich mit den Pariser Klimazielen, einige ergänzen sie, einige bergen Konfliktpotenzial. So komplex die Klimaproblematik ist: Auch hier kann man kurzsichtig agieren, weshalb die Nachhaltigkeitsziele eine gute Ergänzung sind. Für diese Verbindung brauchen wir Diskussions- und »Governance«-Strukturen, um den größtmöglichen Fortschritt für die Menschheitsfamilie sicherzustellen.

Da alle Reformversuche der UN bislang an Vetomächten scheitern, ist zu überlegen, ob und wie dieser Widerstand umgangen werden kann, ohne bestehende Verträge zu verändern oder neue schließen zu müssen. Eine Möglichkeit wäre zum Beispiel, die UN-Charta einfach breiter auszulegen. In der Präambel heißt es: »Wir, die Völker der Vereinten Nationen – fest entschlossen, den sozialen Fortschritt und einen besseren Lebensstandard in größerer Freiheit zu fördern.« Könnten darunter nicht auch ökologische Ziele bzw. Nachhaltigkeitsziele gefasst werden? Oder in Artikel 2 ist die Rede von »der Organisation und ihren Mitgliedern«. Warum sollte Letzteres nicht auf nichtstaatliche Akteure ausgeweitet werden, wie dies in der Charta der ILO gelungen ist?

Die Weltgemeinschaft gründete Völkerbund und die Vereinten Nationen unter den Nachwirkungen der Katastrophen zweier Weltkriege. Ich hoffe, dass wir nicht noch eine Katastrophe brauchen, bis die Vetomächte bereit sind, Macht aus der Hand zu geben und die Vereinten Nationen zu einem partizipativen und effizienten Kooperationsforum der Völker auf Augenhöhe umzugestalten.

7.21 Netzwerke des Wandels: Koalitionen der Willigen

Last not least sollte die Bildung sogenannter Koalitionen der Willigen überlegt werden. Unrühmlich bekannt wurde der Ausdruck durch den »Krieg gegen den Terror«, mit dem die USA 2003 unter Ignorierung eines Votums des UN-Sicherheitsrates ein Staatenbündnis in den Krieg gegen den Irak führte. Eine Variante dieses Konzepts innerhalb geltender rechtlicher Rahmenwerke ist aber beispielsweise die verstärkte Zusammenarbeit von EU-Mitgliedsstaaten zur Finanztransaktionssteuer oder der oben (7.17) erwähnte Zusammenschluss *www.wearestillin.com* zur Erfüllung der US-Klimaziele. Warum also nicht verstärkt innovative, polyzentrische Vernetzungen verbindlich handlungswilliger Governance-Akteure quer zu verschiedensten Regierungsebenen und zu verschiedensten regulierungsbedürftigen Themen in Gang setzen, etwa zum Schutz des Regenwalds, der Arktis oder der Förderung nachhaltiger Landnutzung?

7.22 Zwangsmigration

Am Ende des »Handeln«-Teils möchte ich das Thema Zwangsmigration ansprechen. Warum ich das an dieser Stelle tue? Weil hier (1.) alles Elend der Welt von Ursachen bis Folgen wie in einem Brennglas zusammenkommt, (2.) ein Bündel von Querschnittsmaßnahmen aus allen vorgenannten Feldern als Lösung bedacht werden muss und (3.) die Einbindung von (potenziellen) Migranten Teil der Lösung ist. Unglaubliches Potenzial wird ignoriert, wenn diese Menschen nur als Last gesehen werden, die es abzuweisen oder abzuschieben gilt!

Zwangsmigranten sind jene, die anders als Touristen, Studierende oder Geschäftsleute ihre Heimat nicht freiwillig verlassen wollen, sondern durch Krieg, Verfolgung, Hunger, ökologische Degradierung, Arbeitslosigkeit oder andere Gründe dazu gezwungen werden. Diese Migration wird zunehmen: Die Schätzungen von Weltbank, Rotem Kreuz und anderen Institutionen gehen bis 2050 von einer Zahl zwischen 250 Millionen und einer Milliarde Menschen aus. Ich habe davon bereits in meinen früheren Arbeiten gesprochen und bin auch heute noch überzeugt: Solange es Touristen, Studierende, Geschäftsleute, Gütertransport und andere erwünschte Mobilität gibt und solange mit Migration legal, illegal oder kriminell Geld verdient werden kann, so lange werden auch unerlaubte Reisebewegungen nicht kontrollierbar und schon gar nicht zu unterdrücken sein. Warum also nicht gleich das Beste daraus machen?

- Netzwerke von Familien, Freunden und persönlich Bekannten sind äußerst hilfreich bei unerlaubter Migration. Wem es wirklich um den Schutz der Menschen vor »grausamen Schleusern« geht, möge Erleichterungen bei Familienzusammenführungen oder humanitäre Visa einführen.

- Wenn jemand viele Jahre in Deutschland als Flüchtling, Geduldeter oder ganz ohne Papiere lebt und arbeitet, ohne straffällig zu werden: Warum werden trotz der erbrachten Integrationsleistung keine Arbeits- und Aufenthaltserlaubnis gegeben? Es ist widersinnig, diese Menschen abzuschieben und stattdessen Menschen anzuwerben, die Sprache, Land und Leute nicht kennen. Wir haben hier Spielräume: Die demografische Entwicklung wird weitere Zuwanderung in »Engpassjobs« erfordern.

- Viele Migranten wollen nur für eine begrenzte Zeit in reichen Ländern arbeiten, um sich in der Heimat ein Haus bauen, ein Geschäft eröffnen, eine teure medizinische Behandlung finanzieren zu können. Hier hilft Großzügigkeit mit temporären oder saisonalen Visa. Die Rückkehrbereitschaft kann gesichert werden, indem das verdiente Geld erst im Herkunftsland ausgezahlt wird.

- Nachdem absehbar ist, dass bald Millionen Menschen durch Klimawandelfolgen entwurzelt werden, warum nicht schon jetzt über einen »Klimapass« zur Ermöglichung regulierbarer Migration nachdenken (WBGU, 2018)?

- Was spricht dagegen, Menschen, die in ihren Herkunftsländern perspektivlos sind, schon vor ihrer Abwanderung durch Ausbildung, Studium oder Praktikum in Deutschland weiter zu qualifizieren? Ein derartiger Brain Gain kann bei einer mit Startkapital geförderten Rückkehr zu Betriebsgründungen führen, dies wiederum zu Geschäfts- und Handelsbeziehungen, die jeder Seite nutzen.

- Und was die Überbevölkerung betrifft: Sie wird wieder schrumpfen, wenn Jungen und Mädchen gleichen Zugang zu Bildung bekommen und soziale Sicherungssysteme aufgebaut werden, die jene Versorgung von Hilfsbedürftigen und Älteren übernehmen können, die aktuell noch über hohe Kinderzahlen abgedeckt wird.

Schon jetzt fließt durch Rücküberweisungen legaler und illegaler Migranten mehr Geld in arme Länder als durch die offizielle Entwicklungshilfe. Verbesserte Gestaltungsrahmen könnten noch viel mehr Nutzen schaffen. Bregman provoziert hier mit folgender Gegenüberstellung: Würde Kapital von den letzten Fesseln befreit und könnte es überall hinfließen, gehe der IWF von globalen Wohlstandsgewinnen in Höhe von 65 Milliarden US-Dollar aus. Würden Arbeitskräfte nicht länger durch Grenzen an ihrer Bewegungsfreiheit gehindert, lägen Wohlstandsgewinne um ein tausendfaches höher, nämlich bei 65 Billionen US-Dollar (Bregman, 2017, S. 216).

Würden sich in Herkunftsländern Regierungsfähigkeit und Demokratie verbessern (siehe Vorschläge 7.3), würden reiche Länder sich verstärkt in Städte- oder Verwaltungspartnerschaft engagieren und den Aufbau von Energie-, Kommunikations- und Verkehrsinfrastruktur unterstützen, könnte etwa Afrika einen ungeheuren und selbsttragenden Aufschwung erleben. Glücklicherweise scheinen die G7 genau hier verstärkt investieren zu wollen, auch um den Einfluss Chinas zurückzudrängen. Wenn von deutschen Steuergeldern finanzierte Solaranlagen Afrika helfen, das fossile Zeitalter zu überspringen, wird übrigens mehr fürs Klima und die Energiewende erreicht, als wenn die gleichen Gelder für Subventionen in Deutschland verwendet werden. Und: Die »aufholende Entwicklung« der ehemaligen DDR bedeutete für die deutsche Wirtschaft nach der Wende eine Boomzeit. Warum sollte dies nicht erneut möglich sein, wenn Deutschland sein technisches Knowhow für die soziale und ökologische Transformation armer Länder zur Verfügung stellt?

Ich teile absolut die Vision von Papst Franziskus, dass Umgang und Begegnung mit (Zwangs-)Migranten entscheidend ist für die Herausbildung eines weltweiten Bewusstseins unserer schicksalhaften Verbundenheit als Menschheitsfamilie. Krisen können sich zu Bedrohungen oder Chancen entwickeln – es liegt in unserer Hand, sie gemeinsam anzugehen und gemeinsam zur Stärkung des Gemeinwohls zu gestalten.

7.23 Zwischenbilanz

Wir leben inmitten einer Großen Transformation, die vergleichbar ist mit dem Übergang von der Agrar- zur Industriegesellschaft (siehe 7.8). Die jetzige

Transformation hat aber laut Wissenschaftlichem Beirat für Globale Umweltveränderungen folgende Besonderheiten:

- Während die Wandlung im 19. Jahrhundert kontinuierlich verlief, verläuft sie jetzt sprunghaft und abrupt.
- Im 19. Jahrhundert geschah vieles vor Ort, jetzt aber muss es schleunigst global geschehen.
- Heute spielt die Erzählung für das Leitbild, die Ausrichtung und das Tempo eine entscheidendere Rolle als damals.
- Heute müssen »die Grenzen des Erdsystems als Ausgangspunkt gesellschaftlicher Entwicklung und von Wohlstandssteigerung akzeptiert werden (re-embedding), während das Hauptmotiv des Zeitalters der Industrialisierung darin bestand, sich von den Begrenzungen der Natur zu emanzipieren (disembedding)« (WBGU, 2011, S. 97).

Wir sind aber gut ausgerüstet. Noch nie standen der Menschheit so viel Geld, Technik und Ressourcen zur Verfügung. Das vorliegende Buch gibt nur einen Ausschnitt dessen wieder, was ich an Bausteinen und Trends erkenne, wenn ich mich umschaue und was uns ermöglicht, sofort zu beginnen. Dabei brauchen wir keinen Masterplan, wohl aber müssen wir den besten »Mix« finden:

> Als Leitorientierung kann gelten: Wo Gefahr im Verzug ist, muss das Ordnungsrecht mit seinen Ge- und Verboten greifen. Wo ökologisch unverträgliche Mengenprobleme vorliegen, etwa beim Verbrauch von Energie, Rohstoffen oder Flächen sowie beim Ausstoß klimaverändernder Spurengase, sind besonders ökonomische Instrumente wie die Ökosteuer (Preisanreize mit Mengeneffekten) oder der Emissionshandel (Mengenobergrenzen mit Preiseffekten) geeignet, um der Innovationsdynamik eine neue Richtung zu geben. Wo Produktverantwortung gefördert werden soll, sind verschärfte Produkthaftungsregeln, längere Garantiezeiten und Rücknahmepflichten das Mittel der Wahl. Wo es um den dauerhaften Wandel von Werten, Lebensstilen und sozialer Praxis geht, sind Bildung, Erziehung, Information und gesellschaftliche Anerkennung für vorbildliches Verhalten die Mittel der Wahl. (Loske, 2015)

Kreatives Denken jenseits etablierter »Kästchen« ist der Schlüssel zum Erfolg, um erwünschte Synergie/Emergenz zu fördern und unerwünschte systemische Nebenwirkungen zu vermeiden. Auch und gerade weil regulierende und überwachende staatliche Institutionen, die im Loske-Zitat eine herausragende Rolle spielen, vielerorts korrupt sind, müssen Alternativen entwickelt und erprobt werden. Etwa, dass der Teil des Zertifikatehandels, in dem NGOs dezentrale Klimaschutzmaßnahmen mit hohem sozialem Nutzen finanzieren, ausgeweitet wird oder dass in Aufsichtsgremien des Zertifikatehandels Basisgruppen, NGOs und unabhängige Experten ein Gegengewicht zu staatlichen und Wirtschaftsinteressen bilden.

Vielen mag das immer noch als »zu wenig und zu spät« erscheinen. Aber bedenken Sie, wie sehr sich die Dinge in den letzten fünf Jahren beschleunigt haben und wie wir sie mit Formen zivilen Engagements weiter beschleunigen können. Etwa mit »Naming & Shaming« von Firmen, die Greenwashing betreiben, durch Kaufboykotte, Aktionen zivilen Ungehorsams, wie Blockaden und Demonstrationen, und per Social Media koordinierte Proteststürme. Tun wir dies, werden wir in die richtige Richtung vorankommen. Dann können wir Papst Johannes Pauls II. Analyse von den »Strukturen der Sünde« (siehe 5.1) umschreiben. Es ist

> nicht verfehlt, von »Strukturen des Heils« zu sprechen, die ... in persönlicher Entscheidung ihre Wurzeln haben und daher immer mit konkreten Taten von Personen zusammenhängen, die solche Strukturen herbeiführen, sie verfestigen und es erschweren, sie abzubauen. Und so verstärken und verbreiten sie sich und werden zur Quelle weiterer Entscheidungen, indem sie das Verhalten der Menschen positiv beeinflussen.

8 »Never waste a good crisis!«

Jetzt wissen wir also, warum es wo hakt und was alles verändert werden könnte. Und jetzt?

8.1 Corona: Rückenwind oder Rückschlag?

Die Coronapandemie mit ihren Einschränkungen zeigte, wie viel möglich ist, das zuvor als unrealistisch, gefährlich oder unmöglich bezeichnet wurde. Zum Beispiel:

- Märkte versagten, der Staat erwies sich als handlungsfähig und -notwendig.
- Kapital hatte keine absolute Priorität mehr, sondern auch Gesundheit.
- Die Politik hörte auch auf andere Wissenschaftler als Ökonomen.
- Auf einmal gibt es Geld in Hülle und Fülle, wo zuvor die »Schwarze Null« regierte.
- Menschen veränderten ihr Verhalten, sowohl privat als auch im Umgang mit anderen.

Provozierende Fragen waren auf einmal möglich: Warum schlagen wir nicht mehrere Fliegen mit einer Klappe? Warum setzen wir die vielen Milliarden, die zur Coronabekämpfung freigemacht werden, nicht zugleich zur Bekämpfung von Klimawandel und

Artensterben ein? Und: Nachdem Regulierung und Investitionen des Staates während der Coronakrise Jobs und Wohlstand gesichert haben: Hat dies Modellcharakter für die Bewältigung der Klimakrise? Vielerorts herrschte so etwas wie Aufbruch- und Wendestimmung.

Aber: Je länger sich die Coronakrise hinzog, umso angespannter wurde die finanzielle und wirtschaftliche Lage, umso gereizter die Stimmung im Land gegenüber regulierender Politik. Droht nun ein Rückschlag im Umgang mit den großen Herausforderungen unserer Zeit?

Ich glaube nicht, denn Mobilisierungsforschung zeigt, dass persönliche und gesellschaftliche Veränderungsbereitschaft dann besonders groß sind, wenn Menschen erkennen, dass sie von einer Gefahr direkt betroffen sind und Veränderung dem eigenen Interesse dient. Dies erklärt nicht nur die Bereitschaft zu Einschränkungen während der Coronakrise.

Die unerwartet große Resonanz in der Bevölkerung für eine Finanztransaktionssteuer oder der Protest gegen die Sparpolitiken nach der Weltfinanzkrise erklärt sich etwa aus der Wut der Bevölkerung, dass die Opfer, die Banken und Spekulanten abverlangt wurden, in keinem Verhältnis zu denen des »kleinen Mannes« standen. Oder: Die Heftigkeit der Proteste gegen die Zuwanderung 2015 oder die auferlegten Freiheitsbeschränkungen während der Coronapandemie erklärt sich aus der unmittelbaren Betroffenheit durch Entscheidungen, die ungenügend oder unglücklich kommuniziert wurden und daraus resultierenden Problemen, die ungenügend unterstützt und moderiert wurden.

Wenn es also gelingt, die Verbindung zwischen Klimawandel, Artensterben und persönlicher Betroffenheit durch diese Entwicklungen herzustellen, kann man mit vergleichbarer Motivation und Mobilisierung in der Bevölkerung rechnen. Dann kann, so legen es auch Umfragen nahe, Corona sogar »als Verstärker für bereits vorhandene Trends und Entwicklungslinien (wirken)« (Prognos & Z_Punkt, 2020b, S. 35). Die Chance besteht, denn selbst in der Coronakrise blieb der Klimawandel für fast jeden zweiten Jugendlichen in Europa die größte gesellschaftliche Schwierigkeit, gefolgt von Umweltzerstörung und Artensterben. Eine Herausforderung dabei wird sein, wie man jene Millionen, die weltweit unter Eco Anxiety und damit Depressionen leiden, zurück in den Aktivismus holen kann – auch und gerade weil Engagement Teil der Therapie ist. Also: Los geht's! »Never waste a good crisis!« (W. Churchill).

8.2 Das Richtige und das Recht

Vieles von Vorstehendem verstößt gegen aktuell geltende Gesetze oder Bestimmungen internationaler Verträge. Dabei gehört Recht zu den höchsten Errungenschaften der Zivilisation. Deshalb muss es respektiert und gegen jede Willkür verteidigt werden. Dennoch: Moralische Revolutionen – und darum geht es letztlich – zeigten stets, dass das Recht der Veränderung grundlegender Werte folgt. Deshalb glaube ich nicht mehr, dass wir hier so hilflos sind, wie uns oft eingeredet wird.

Natürlich binden uns heute völkerrechtliche Verträge in unserem Handeln außerhalb unseres Hoheitsgebiets. Aber es hindert uns nicht an weitergehenden Gestaltungen innerhalb unseres Hoheitsgebiets: Wenn also die EU beschließt, das Fliegen für Unionsbürger im Unionsgebiet drastisch zu verteuern, würde dies Kurz- und Mittelstreckenflüge reduzieren. Wie dann mit Flugverbindungen außerhalb des Unionsgebiets umgegangen wird, kann man anschließend entscheiden.

Dasselbe gilt nach innen: Was wäre innerhalb heutiger grundgesetzlicher Vorgaben möglich, wenn wir die Sätze »Eigentum verpflichtet« oder »Vergesellschaftung ist möglich« konkretisieren? Auch Verfassungen können umgeschrieben werden. Dabei ist verschriftlichtes Recht nur dann etwas wert, wenn es in Politik und Rechtsprechung im »Buchstaben und Geist« konsequent umgesetzt wird. Dass dies nicht geschieht, zeigen jene Bereiche, in denen vor dem Recht eben nicht jeder gleich ist. Immer noch gibt es zwei Klassen von Menschenrechten: ein umfassendes Set für Deutsche, ein eingeschränktes für Nichtdeutsche. Auch werden ausländerpolitische Erwägungen allzu oft über Menschenrechte gestellt, wenn Aufenthaltstitel verweigert oder Abschiebungen durchgeboxt werden. Oder die Existenz von Schiedsgerichten, die außerhalb der regulären Rechtsprechungsordnung jene Staaten, die soziale und ökologische Standards durchsetzen wollen, zu Milliardenentschädigungen an Konzerne und Investoren verpflichten.

Dass Menschenrechte selten Fürsprecher haben, wenn es um Handels- und Wirtschaftsinteressen geht, ist hinlänglich bekannt. Aber auch andere pflegen einen selektiven Blick: Wie viele Sportler, denen Fairness über alles geht, sind angesichts des chinesischen Vorgehens in Afrika, im Chinesischen Meer, gegenüber Hongkong, den Tibetern und Uiguren bereit, die Winterspiele 2022 zu boykottieren? Wie viele sind bereit, angesichts bekannter Menschenrechtsverletzungen und nie ausgeräumter Vorwürfe staatlicher Terrorfinanzierung, die Fußball-Weltmeisterschaft in Katar zu boykottieren – und das gilt natürlich auch für Sponsoren!

Und die Rechtsprechung selbst? Leider kenne ich auch hier, vor allem im Migrationskontext, zunehmend Urteile, die selbst geduldige Anwälte aufseufzen lassen: »Warum sollte die Rechtsprechung gegen den wachsenden Populismus immun sein?« Aber hier gibt es auch Hoffnungsvolles, etwa hinsichtlich der wachsenden Anzahl an Umwelt- und Klimaklagen. Zunächst mehren sich Urteile, die Regierungen verpflichten,

Klimaschutz-Gesetzgebung stärker an den Rechten und Interessen künftiger Generationen auszurichten – etwa auch das Bundesverfassungsgericht am 29. April 2021. Des Weiteren gibt es Urteile, die Konzerne zu Klimaschutz verpflichten oder Entscheidungen zum Schutz der Lebensqualität von Menschen auch in fernen Weltregionen bzw. zur Zahlung von Kompensationszahlungen an bereits Geschädigte durch die Verursacher. Entsprechend ist es ein Zeichen »zeit-gerechter Klimapolitik«, wenn auch Mittel der Entwicklungszusammenarbeit für solche gerichtlichen Überprüfungen bereitgestellt werden (WBGU, 2018).

8.3 Bildung, Training, Bewegung

Ein Blick in die Vergangenheit zeigt, dass Bildung der Schlüssel für Partizipation ist und, darauf aufbauend, für gesellschaftliche Stabilität und Wohlergehen. Hier liegt auch der Schlüssel, um den Zerfall in Teilöffentlichkeiten aufzuhalten und vielleicht sogar rückgängig zu machen. Zudem ist Bildung der Weg, um den evolutionär bedingten Instinkt zu überwinden, stets die aktuelle Krise und Bedrohung als die dringlichste zu behandeln, während wir absehbare und viel größere Bedrohungen ignorieren. Infolgedessen müssen Erziehung, Schulunterricht und universitäre Lehre so umgestellt werden, dass das Wissens- und Bildungsverständnis erweitert wird und zur umfassenden Transformation beitragen kann. Mit dem »Schulstreik für das Klima« bewies die Jugend bereits einen Lernerfolg in der »Schule des Lebens«, den die »Profis« (noch) vermissen lassen.

Insbesondere bedeutet dies, Unterricht weg von Konkurrenz, Wettkampf und vergleichender Benotung hin zur Förderung von Neugier, Intuition, der Entfaltung nichtintellektueller Begabungen, Kooperation und Solidarität zu lenken. Waldorf oder Montessori-Pädagogik, Marchtaler Plan oder der französische Campus de la Transition, eine junge und dynamische alternative Business School für die sozialökologische Transformation sind praktizierte Alternativen, von deren Erfahrung wir heute lernen können.

Die Herausforderungen durch Soziale Medien, die Existenz alternativer Wahrheiten, Fake News und Verschwörungstheorien verlangen sodann eine breite Vermittlung digitaler Kompetenz an alle Altersgruppen. Dies ist ein so wichtiger Punkt für die Überlebensfähigkeit unserer Gesellschaften, dass ich mich frage, wie eine Bildungspflicht für Erwachsene aussehen könnte, damit sich niemand den hier vorhandenen Angeboten entziehen kann. Der rapide Wandel, die komplexen Instrumente: Sie verlangen eine lebenslange, verpflichtende Fort- und Weiterbildung aller. Hinzu kommt ein Training, wie Kommunikation mit Populisten und Verschwörungstheoretikern möglich ist, ohne von billigen Tricks ausgehebelt oder ausgebremst und verletzt zu werden. Auch hier gibt es eine Fülle von Informationen, aber nichts ist wirkungsvoller als die Einübung dieser Strategien für den Umgang mit solchen Leuten in der realen Welt. Denn: Es gibt nichts Besseres (und Einfacheres), als wenn man es einfach tut.

8.4 Es gibt nichts Gutes, außer man tut es

Sie werden bemerkt haben, dass ich zwar einen Systemwechsel fordere, aber zugleich auch sehr viele Reformansätze auflliste, die, wenn sie erfolgreich sind, das aktuelle System eher wandeln als ersetzen. Ich sehe es so: Jene, die den Ernst der Lage erkennen, sollten sich tatsächlich für einen Systemwechsel engagieren, ohne andere Diskussionen und Optionen völlig aus dem Blick zu verlieren. Je schneller wir konkret in Richtung eines gerechteren und nachhaltigeren Umbaus von Wirtschaft und Gesellschaft vorankommen, umso besser ist das für das Gemeinwohl aller. Dabei gilt: Je ernster das Eintreten für einen Systemwechsel genommen wird, desto besser fallen Reformkompromisse aus. Angesichts der abschüssigen Bahn, auf der wir uns bereits befinden, ist die Vermeidung jedes Zehntelgrads Erderwärmung ein großer Erfolg.

Für die Herausbildung eines Welt-(Umwelt-)Bewusstseins und eines Welt-(Gemeinschafts-)Bewusstseins als Handlungsrahmen sowie die Entwicklung adäquater Handlungskonzepte kann die Katholische Kirche mit ihrem transkontinental-institutionellen Netzwerk

Trendsetter und Triebkraft für reale Verbesserungen werden. Wie vorstehend gezeigt, ist angesichts vorhandener Optionen die Lösung von Sachproblemen nicht die größte Herausforderung. Das Problem ist eher die Entwicklung eines für alle Individuen, Gesellschaften, Kulturen und Weltanschauungen akzeptablen, normativ-wegweisenden Wertekompasses, der sicherstellt, dass vorhandenes Geld, vorhandene Technik und Ressourcen bestmöglich für das Gemeinwohl aller eingesetzt werden. Auch hier kann die Kirche, die in nahezu jedem Land und in allen Kulturen existiert, moderierender Vermittler, Brückenbauer und Wegbereiter sein – vor Ort zusammen mit anderen christlichen Kirchen, die vielleicht transkontinental nicht vergleichbar effizient vernetzt sind, aber ansonsten gleiche Werte und Prinzipien teilen.

Es gibt nichts Gutes, außer man tut es! Welcher Unterschied zwischen virtuellem Clicktivism, Hass und Hetze in den Sozialen Netzwerken und dem Handeln in der Realität besteht, verdeutlichen der Sturm auf den Berliner Reichstag im August 2020 und das Kapitol im Januar 2021: Plötzlich war die Bedrohung jahrhundertealter Traditionen, Überzeugungen und Werte nicht mehr nur virtuell, sondern real. Darüber hinaus zeigt das Verhalten von AfD-Abgeordneten in Berlin und Republikanern in Washington, die Chaoten Tür und Tor der Parlamente öffnen, dass die Feinde der Demokratie schon an vielen wichtigen Schalthebeln sitzen und ihren zersetzenden Einfluss aktiv nutzen.

Genau deshalb ist wichtig, dass alles, was hier vorgestellt wurde, nicht nur unser Inneres, unser privates Kaufverhalten oder unseren Umgang mit den Sozialen Medien prägt, sondern irgendwo und irgendwie als Gestaltungskraft in der realen Welt sichtbar wird. Dabei ist konsequente Glaubwürdigkeit der Schlüssel. Predigt man Wasser und trinkt dennoch Wein, merken die, denen gepredigt wird, das sehr schnell und wenden sich ab. Wie im Kleinen so im Großen: Will Deutschland »Klimachampion« sein und exportiert trotzdem fossile Industrieanlagen, Waffen und Müll in arme Länder, ist dies bestenfalls peinlich.

Die Protestbewegung gegen die neoliberale Globalisierung hat sich über die Jahrzehnte entwickelt und verändert. War sie in Genua und Seattle noch überwiegend gewaltbereit und polarisierend, wird sie entschlossener, zugleich friedlicher und deshalb attraktiver für immer breitere Bevölkerungsschichten. Occupy nach der Weltfinanzkrise, die Bewegung für die Finanztransaktionssteuer, jetzt die Klimabewegung zeigen dies.

Es entstehen immer ungewöhnlichere Bündnisse und Kooperationen, was aber letztlich nicht so verwunderlich ist: Selbst Bundeswehr oder US-Army verstehen inzwischen besser als einige Superreiche, Konzerne und Ökonomen, dass es aufgrund von Peak Oil (Verfügbarkeitsgrenze bei Erdöl), Klimawandel und Ungleichheit/Polarisierung weltweit zu Instabilität und Krisen kommen wird, die nicht mit herkömmlichen Mitteln bewältigt werden können. Und selbst wenn der Protest immer noch in Wellenbewegungen kommt und geht: Die Wellen kommen in schnelleren Abständen, sie werden breiter und höher. Wir sind schon viele, und gerne erinnere ich an einen meiner Lieblingssprüche aus Afrika: »Viele kleine Leute, die an vielen kleinen Orten viele kleine Dinge tun, können das Gesicht der Welt verändern.« Jeder Beitrag ist wertvoll und macht einen Unterschied.

Bildung, Training, Erziehung, Mobilisierung und der Zusammenschluss zu Bewegungen sind nicht umsonst die letzte und wichtigste der gesellschaftlichen Kippinitiativen. Es braucht nicht viele Menschen, um ein System zu kippen. Wissenschaftliche Untersuchungen von Protestbewegungen in der Vergangenheit belegen, dass das friedliche, aber entschlossene Engagement von zwischen 3,5 und 25 Prozent einer Bevölkerung ausreichen: Das ist machbar! Und was auch immer wir in Nürnberg, Bayern, Deutschland oder Europa unumkehrbar festklopfen: Es wird Kreise ziehen und mehr bewirken, als es augenscheinlich der Fall ist. Denn nichts ist überzeugender und mitreißender als ein gutes Beispiel!

Je mehr Einzelne, kleine Gruppen, kleine Verwaltungseinheiten usw. neue Pfade beschreiten, umso stärker werden neue Pfadabhängigkeiten wachsen. Je mehr alternative Strukturen mitaufbauen, die nach anderen Regeln funktionieren und zugleich anknüpfen an unsere Werte und wirklichen Bedürfnisse, umso mehr konsolidiert sich eine gerechtere und nachhaltigere Zukunft. Gelingt dies, wird das bestehende System nicht durch Revolution besiegt, sondern aufgrund von Unterwanderung und Subversion so geschwächt, dass es irgendwann in sich zusammenfällt.

8.5 Und die Kirche?

»Es gibt nichts Gutes, außer man tut es« – hört man diesen Satz, fällt einem nicht zuerst die Katholische Kirche ein, auch wenn ich im vorigen Kapitel ihr Beitragspotenzial zur sozial-ökologischen Wende positiv hervorgehoben habe.

Das Problem liegt eher im Inneren: Die Missbrauchsdebatte schleppt sich dahin, der Vatikan reglementiert Gottes Segen für Homosexuelle, die Caritas verhindert einen flächendeckenden Mindestlohn im Pflegebereich, die Gleichberechtigung von Frauen wird gefordert, aber nicht praktiziert – die Katholische Kirche scheint in Deutschland auf dem Weg zur Bedeutungslosigkeit zu sein.

Natürlich gibt es jenseits der medialen Aufgeregtheit sehr viel Gutes in der Kirche, weshalb ich sie nicht verlasse. Zugleich scheint mir, dass wir Kirche insgesamt wieder verstärkt von der Ursprungsinspiration her denken müssen, dann wird sich um diese herum eine neue Gemeinschaft versammeln. Jesus war kein Theologieprofessor, sondern Handwerker. Im vorgegebenen kulturellen Rahmen des damaligen Israels verkörperte er eine Einheit aus Leben und Lehre, die Menschen anzog. Und alles drehte sich um das wichtigste Gebot, nämlich die Liebe zu Gott, dem Nächsten und sich selbst. Was bedeutet dieses Gebot heute, angesichts der globalen Präsenz der Kirche in allen Völkern und Kulturen der Welt? Was sind die Zeichen der Zeit? Was Zeitgeist? Was Heiliger Geist?

Nur ein Beispiel: Oben (6.2) war die Rede von vielfachen Bewegungen für Gleichberechtigung. Insofern reicht es nicht mehr, in »Fratelli Tutti« die Unterdrückung von Frauen zu beklagen, entsprechende Defizite in der Kirche aber weniger energisch anzugehen. In der Bibel gibt es Belege – nicht nur für solche, die den Status Quo der Kirche verteidigen, sondern auch für jene, die Kirche in allen Bereichen zu einer geschwisterlichen Gemeinschaft auf Augenhöhe umgestalten wollen.

Mir scheint, dass die Kirche der Zukunft in Liturgie, Moral und Amt deutlich pluraler und diverser sein wird, etwa, indem verstärkt Bischofskonferenzen Dinge für ihren Zuständigkeitsbereich regeln. Der global-vernetzte Einsatz für die Katholische Soziallehre und die sozial-ökologische Transformation dürften unter einer solchen Neuorientierung nicht leiden, wie der weltweite Zuspruch zu Papst Franziskus' diesbezüglichen Schreiben signalisiert. Diese Popularität könnte aber genau darin liegen, dass die Prinzipien und Werte der Soziallehre nicht den Anspruch haben, alles überall gleich detailliert zu regeln, sondern in konkreten Kontexten Anwendung zu finden.

Kirche sortiert sich neu in diesen Tagen. Es wird spannend sein zu sehen, welchen Weg nach der Amazonas-Synode und dem Synodalen Weg die im Oktober beginnende Weltsynode einschlagen wird!

8.6 »Linke Politik«?

Nachdem alles vorgetragen und diskutiert wurde, noch der unvermeidliche Klassiker: Ist das nicht alles eindeutig »linke Politik«, die durch den Zusammenbruch des real existierenden Sozialismus und Kommunismus historisch widerlegt wurde? Nein – und Ja.

Nein insofern, dass aus der Geschichte gelernt und Fehler vermieden werden können. Was hier vorgeschlagen wird, tut dies in doppelter Hinsicht, indem es aus fehlgeleitetem Sozialismus und fehlgeleitetem Kapitalismus lernt! In der Tat könnte auch hier in vielem ein Schritt zurück guttun, um besser nach vorn zu kommen: Schaut man genauer, was ein Adam Smith oder John Stewart Mill angesichts feudalistischer Dominanz ursprünglich wollten, kann man daraus für den Umgang mit aktuell wiedererstarkenden feudalistischen Tendenzen im neoliberalen Kapitalismus lernen. Dieses Buch sieht sich in der Tradition der Katholischen Soziallehre und anderen, die versuchen, die Vielgestaltigkeit von Wirtschaft und Gesellschaft jenseits eines plumpen Entweder-Oder zu erfassen und Dritte Wege zu entwickeln.

Und ja, darunter gibt es traditionell links verortete Instrumente. Allerdings bedeutet eine solche Zuordnung nicht, dass sie deshalb schlecht oder falsch sind! Die Welt ist, wie sie ist, weil der Mensch frei ist und ein Vermögen zum Guten wie zum Bösen hat. Die Aufgabe der Gesellschaft ist, das eine zu fördern und das andere in Schach zu halten.

Freie Märkte gab es noch nie, und die Tatsache, dass es Märkte für die Vermittlung von Sex- und Arbeitssklaven gibt, zeigt zudem, dass ihre Schaffung ebenso wenig wünschenswert ist wie umfassend-unkontrollierte staatliche Regulierung. Entsprechend ist zu hoffen, dass eine ausgewogene Markt-Staat-Demokratie-Balance für die Gestaltung der sozial-ökologischen Transformation gefunden werden kann.

Bei der Suche nach dem besten Weg können politisch-ökonomische Theorien helfen und den Blick schärfen, aber letztlich ist die Wirklichkeit zu kompliziert, um durch eine einzige Theorie angemessen erfasst zu werden. Vor diesem Hintergrund ist die Katholische Soziallehre aufgrund ihres Wissens um Gott, Welt und Mensch nicht der schlechteste Ratgeber auf dem Weg zu einer sozial gerechteren und nachhaltigeren Welt.

Der brasilianische Bischof Dom Helder Camara brachte es wie folgt auf den Punkt: »Wenn ich den Armen Brot gebe, nennt man mich einen Heiligen. Doch wenn ich frage, warum die Armen nichts zu essen haben, werde ich als Kommunist beschimpft.« Auch Papst Franziskus ist entwaffnend, wenn er jenen, die sich über seine Aussage »Diese Wirtschaft tötet« aufregen, entgegnet: Was ich sage »entspricht der Katholischen Soziallehre. Das bedeutet nicht, dass ich ein Marxist bin. Vermutlich haben jene, die mir dies unterstellen, keine Ahnung von der Soziallehre, und ebenso wenig scheinen sie den Marxismus zu kennen« (Tornielli & Galeazzi, 2015).

9 Schluss

In meiner Kindheit gab es Rätselbilder, bei denen Zahlen ohne erkennbaren Zusammenhang auf einem Blatt verteilt waren. Verband man die Punkte der Reihe nach, also beginnend bei eins bis zur höchsten Zahl, enthüllte sich ein Bild, das man dann natürlich noch farbig ausmalen konnte. Dieses Buch strebt etwas Ähnliches an: Verbinden Sie die Punkte, die in den 39 Unterkapiteln der Kapitel 5 bis 8 angesprochen sind, erkennen Sie hoffentlich einen Zusammenhang oder zumindest einen Trend, der verdeutlicht: Eine Alternative zum Neoliberalismus ist nicht nur möglich, es wird schon daran gebaut, und es könnte schneller vorangehen.

Mit dem Aufruf Jesu »Denkt um und dann kehrt um« begann vor zweitausend Jahren das Christentum, eine Glaubens- und Wertegemeinschaft, die sich bis heute diesem Ruf verpflichtet fühlt. Der Ruf verbindet sich jetzt mit dem Ruf der Wissenschaft und dem der jungen Generation nach intergenerationeller und internationaler Gerechtigkeit und Nachhaltigkeit. Der Ruf will uns aber letztlich »nur« dazu aufrütteln, ein Leben zu führen, wie wir es eigentlich im tiefsten Inneren doch alle wollen: ein wert-volles Leben, ohne Anhäufung von Dingen. Deshalb schauen Sie sich bitte um und machen Sie mit! Warten Sie nicht auf die

Politik und die großen Pläne. Engagieren Sie sich vor Ort in Stadt und Gemeinde und machen Sie Druck, damit dort das Bestmögliche schnellstmöglich in die Gänge kommt.

Was alles andere betrifft, so möchte ich eine Anekdote aus meiner ersten großen internationalen Kampagne erzählen: Der Kampagne zum Verbot von Anti-Personen-Landminen. Als wir diese 1995 in Deutschland begannen, wurden wir als weltfremde Utopisten belächelt. Landminen? Sie waren an der innerdeutschen Grenze und sind auf der ganzen Welt ein essenzielles Verteidigungsinstrument zum Schutz unserer Soldaten! Betroffene Zivilisten? Bedauerlicher Kollateralschaden – sorry, nicht verhandelbar. Und doch erhielt ich im April 1996 plötzlich und völlig unvorbereitet einen Anruf des Auswärtigen Amts, und der zuständige Referatsleiter rief mir aufgeregt ins Ohr: »Herr Pater, ich kann nicht glauben, was da gerade über den Ticker läuft! Verteidigungsminister Wolfgang Rühe schafft Antipersonenminen für die Bundeswehr ab!« Diese Entscheidung fiel aber nicht vom Himmel. Sie war das Ergebnis eines einjährigen Tauziehens hinter den Kulissen des Ministeriums, wie man am besten mit dem wachsenden öffentlichen Druck umgehen sollte. Ein Jahr später, 1997, stand die internationale Verbotskonvention, der heute 164 Staaten angehören, zudem erhielt die Kampagne den Friedensnobelpreis.

Oder denken Sie an die ehemalige DDR: Der zivile Widerstand dort begann als eine kirchlich beheimatete Umwelt- und Friedensbewegung, er entwickelte sich zu einer Fundamentalkritik von Wirtschaft, Partei, Politik und dem zentralistischen System als Ganzem. Zu dessen Sturz führte aber keine Revolution und kein Waffengefecht. Es war der simple Versprecher eines überforderten Funktionärs: Günter Schabowskis Antwort auf die Frage, wann visumfreies Reisen möglich sei: »Das tritt nach meiner Kenntnis ... ist das sofort, unverzüglich.« Dieser Versprecher brach alle Dämme, und der Kommunismus war Geschichte.

Niemand weiß, wo Gott hinter den Kulissen den Bemühungen der vielen Menschen entgegenarbeitet. Deshalb weiß auch niemand, wann die entscheidenden gesellschaftlichen Kipppunkte kommen werden. Aber sie werden kommen. Davon bin ich überzeugt.

10 Literaturverzeichnis

Was ich hier darlege, ist mehr als nur Fantasie und Wunschdenken. Es ist anschlussfähig an die Wissenschaft und laufende gesellschaftspolitische Diskussionen. Würde ich aber alles, was meinen Ausarbeitungen zugrunde liegt, aufführen, wüchse das Buch um viele Seiten – und damit sein Preis. Nachstehend finden Sie deshalb nur Verweise zu den Quellen, die in diesem Buch wörtlich zitiert sind. Quellen hingegen, die ohne wörtliches Zitat in das Buch einfließen, finden Sie in der ausführlichen, nach (Unter-)Kapiteln geordneten Literaturliste online unter
https://tinyurl.com/EinfachAnfangen

Alt, J. (2020). *Handelt! Ein Appell an Christen und Kirchen, die Zukunft zu retten.* Münsterschwarzach: Vier Türme Verlag.

Alt, J. (2020b). *Taxation and Transformation: The use and usefulness of Catholic Social Teaching, taxes and tax-related instruments to advance systemic change.* Von Tax Justice & Poverty: http://tinyurl.com/MaxxTax abgerufen.

Böckenförde, E.-W. (24. April 2008). *Woran der Kapitalismus krankt.* Süddeutsche Zeitung, S. 8.

Bregman, R. (2017). *Utopia for Realists – and how we can get there.* London: Bloomsbury.

Dafoe, A. (2018). *AI Governance: A Research Agenda*. University of Oxford: Future of Humanity Institute.

Degens, P. (Februar 2013). *Alternative Geldkonzepte – ein Literaturbericht*. Von Max-Planck-Institut für Gesellschaftsforschung: http://www.mpi-fg-koeln.mpg.de/pu/mpifg_dp/dp13-1.pdf abgerufen.

Doe, J. (6. Mai 2016). *John Doe's Manifesto*. Von Süddeutsche Zeitung: http://panamapapers.sueddeutsche.de/articles/572c897a5632a39742ed34ef/ abgerufen.

Drahos, P., Braithwait, J. (2002). *Information Feudalism: Who owns the knowledge economy*. London: Earthscan.

ESPAS (2019). *Global Trends to 2030 – Challenges and Choices for Europe*. Brussels: European Strategy and Policy Analysis System.

Freeman, R. B. (2. Mai 2012). *Toward Economic Feudalism? Inequality, Financialisation, and Democracy*. Von London School of Economics: http://www.lse.ac.uk/publicEvents/pdf/2012_ST/20120502-Richard-Freeman.pdf abgerufen.

Göpel, M. (2020). *Unsere Welt neu denken – Eine Einladung*. Amazon Kindle.

Halliday, D., Thrasher, J. (2020). *The Ethics of Capitalism. An Introduction*. Oxford: Oxford University Press.

Harari, Y. N. (2018). *Sapiens – A Brief History of Humankind*. New York: Harper Perennial.

Kelton, S. (2020). *The Deficit Myth – Modern Monetary Theory and the Birth of the People's Economy*. New York: Public Affairs.

Kemfert, C. (20. November 2019). *Energiewende – Mythen reloaded*. Von Capital.de: https://www.capital.de/wirtschaft-politik/energiewende-mythen-reloaded abgerufen.

Keynes, J. M. (1930). Economic Possibilities for our Grandchildren. In J. M. Keynes, *Essays in Persuasion* (S. 358–373). New York: W. W. Norton & Co.

Latouche, S. (9. April 2015). *»Wir müssen den Kapitalismus aus unseren Köpfen bringen.«* Von Die Wochenzeitung: https://www.woz.ch/-5bca abgerufen.

Loske, R. (2015). *Politik der Zukunftsfähigkeit – Konturen einer Nachhaltigkeitswende*. Frankfurt: Fischer E-Book.

Lyotard, J.-F. (1979). *The Postmodern Condition: A Report on Knowledge*. Manchester: Manchester University Press.

Maxton, G., Maxton-Lee, B. (2020). *A Chicken Can't Lay a Duck Egg – How Covid 19 can solve the climate crisis*. Amazon Kindle.

Monbiot, G. (2017). *Out of the Wreckage – A New Politics for an Age of Crisis*. Amazon Kindle.

Nell-Breuning, O. v. (1980). *Gerechtigkeit und Freiheit – Grundzüge katholischer Soziallehre*. Wien: Europa Verlag.

Nell-Breuning, O. v. (1986). *Kapitalismus – kritisch betrachtet. Zur Auseinandersetzung um das bessere »System«*. Freiburg: Herder.

Otto, I. M., Donges, J. F., et al. (4. Februar 2020). *Social tipping dynamics for stabilizing Earth's climate by*

2050. Von Proceedings of the National Academy of Sciences of the United States of America: https://www.pnas.org/content/117/5/2354 abgerufen.

Papst Franziskus (9. Juli 2015). *Address of the Holy Father – Second World Meeting of Popular Movements*. Von Vatican: http://www.vatican.va/content/francesco/en/speeches/2015/july/documents/papa-francesco_20150709_bolivia-movimenti-popolari.html abgerufen.

Papst Franziskus (2020a). *Enzyklika Fratelli Tutti über die Geschwisterlichkeit und die soziale Freundschaft*. Bonn: Deutsche Bischofskonferenz.

Papst Franziskus (2020b). *Wage zu träumen. Mit Zuversicht aus der Krise*. Amazon Kindle.

Piketty, T. (2014). *Capital in the twenty-first century*. Cambridge: Belknap Press.

Piketty, T. (2020). *Capital and Ideology*. Cambridge: Harvard University Press.

Prognos & Z_Punkt (August 2020a). *Zukunft von Wertvorstellungen der Menschen in unserem Land*. Von Vorausschau.de: https://www.vorausschau.de/files/BMBF_Foresight_Wertestudie_Kurzfassung.pdf abgerufen.

Prognos & Z_Punkt (2020b). *Langfristige Chancen und Herausforderungen infolge der Corona-Pandemie*. Berlin: Kampagnenbüro Strategische Vorausschau.

Rifkin, J. (2015). *The Zero Marginal Cost Society – The Internet of Things, the Collaborative Commons, and the Eclipse of Capitalism*. Amazon Kindle.

Schwab, W. (12. Oktober 2020). *We must move on from neoliberalism in the post-COVID era*. Von World Economic Forum: https://www.weforum.org/agenda/2020/10/coronavirus-covid19-recovery-capitalism-environment-economics-equality/ abgerufen.

Speth, J. G. (1. Oktober 2013). *James Gustave Speth*. Von Wikiquote: https://en.wikiquote.org/wiki/James_Gustave_Speth abgerufen.

Steffen, W., Rockström, J., et al. (14. August 2018). *Trajectories of the Earth System in the Anthropocene*. Von Proceedings of the National Academy of Sciences of the USA: http://www.pnas.org/content/115/33/8252 abgerufen.

Stiglitz, J. (Dezember 2012). *Das Ende des Amerikanischen Traums – Die Vereinigten Staaten auf dem Weg zur Erboligarchie*. Blätter für deutsche und internationale Politik, S. 36–59.

Tornielli, A., Galeazzi, G. (2015). *This Economy Kills – Pope Francis on Capitalism and Social Justice*. Amazon-Kindle.

WBGU (2011). *Hauptgutachten Welt im Wandel – Gesellschaftsvertrag für eine Große Transformation*. Berlin: Wissenschaftlicher Beirat der Bundesregierung für Globale Umweltveränderungen.

WBGU (2016). *Hauptgutachten Umzug der Menschheit: Die transformative Kraft der Städte*. Berlin: Wissenschaftlicher Beirat der Bundesregierung für Globale Umweltveränderungen.

WBGU (2018). *Zeit-gerechte Klimapolitik*. Berlin: Wissenschaftlicher Beirat der Bundesregierung für Globale Umweltveränderungen.

WBGU (2019). *Hauptgutachten Unsere gemeinsame digitale Zukunft*. Berlin: Wissenschaftlicher Beirat der Bundesregierung für Globale Umweltveränderungen.

WBGU (2020). *Hauptgutachten Landwende im Anthropozän: Von der Konkurrenz zur Integration*. Berlin: Wissenschaftlicher Beirat der Bundesregierung für Globale Umweltveränderungen.

Webb, A. (2016). *The signals are talking – Why today's fringe is tomorrow's mainstream*. New York: Public Affairs Book.

Welzer, H. (2019). *Alles könnte anders sein. Eine Gesellschaftsutopie für freie Menschen*. Frankfurt: Fischer E-Books.

Wilkinson, R., Pickett, K. (2018). *The Inner Level: How More Equal Societies Reduce Stress, Restore Sanity and Improve Everyone's Well-being*. London: Penguin.

JÖRG ALT
HANDELT!

EIN APPELL AN CHRISTEN UND KIRCHEN, DIE ZUKUNFT ZU RETTEN.

Vier-Türme-Verlag

Jörg Alt

Handelt!

Ein Appell an Christen und Kirchen,
die Zukunft zu retten

180 Seiten, gebunden, 12,0 x 19,5 cm
ISBN 978-3-7365-0295-6

Christinnen und Christen und ihre Kirchen verzetteln sich derzeit mit vielen Themen und vernachlässigen dabei den Einsatz für die großen Herausforderungen unserer Zeit: die realen Gefahren von Finanzkapitalismus und Ressourcenübernutzung sowie positives und negatives Potenzial technischer Innovation.

Der Jesuit Jörg Alt zeigt, dass Bibel und katholische Soziallehre uns alles Nötige an die Hand geben, um unsere Zukunft sozial gerechter und ökologisch nachhaltiger zu gestalten. Sein Buch ist ein Weckruf und möchte Leser dazu ermutigen, sich als ChristInnen in diesen Feldern zu engagieren, statt sich in innerkirchlichen Debatten zu verlieren.

www.vier-tuerme.de